Basiswissen
Kaufrecht
Werkvertragsrecht

2016

Josef A. Alpmann
Rechtsanwalt in Münster

Dr. Tobias Wirtz
Rechtsanwalt und Repetitor in Münster

ALPMANN UND SCHMIDT Juristische Lehrgänge Verlagsges. mbH & Co. KG
48143 Münster, Alter Fischmarkt 8, 48001 Postfach 1169, Telefon (0251) 98109-0
AS-Online: www.alpmann-schmidt.de

Alpmann, Josef A.
Dr. Wirtz, Tobias
Basiswissen
Kaufrecht
Werkvertragsrecht
2. Auflage 2016
ISBN: 978-3-86752-436-0
Verlag Alpmann und Schmidt Juristische Lehrgänge
Verlagsgesellschaft mbH & Co. KG, Münster

Unterstützen Sie uns bei der Weiterentwicklung unserer Produkte.
Wir freuen uns über Anregungen, Wünsche, Lob oder Kritik an:
feedback@alpmann-schmidt.de

1. Teil: Kaufrecht

Das Kaufrecht ist das Sonderrecht für Kaufverträge. Es ist im Besonderen Teil des Schuldrechts in den §§ 433–479[1] geregelt.

Die Normen im Allgemeinen Teil des BGB und dem Allgemeinen Teil des Schuldrechts gelten auch für Kaufverträge, aber nur soweit die §§ 433–479 keine Sonderregeln enthalten.

Einer der wichtigsten Bereiche des Kaufrechts ist das Gewährleistungsrecht. Für die Rechte des Käufers bei Mängeln der Kaufsache verweist § 437 weitgehend auf die Ansprüche aus dem Allgemeinen Teil des Schuldrechts. Das gilt für das Rücktrittsrecht gemäß §§ 437 Nr. 2, 323. Für Schadensersatzansprüche des Käufers wegen eines Mangels verweist § 437 Nr. 3 auf die Vorschriften des Allgemeinen Teils. Das Kaufrecht ist daher in einem ganz besonderen Maß mit den Regeln des Allgemeinen Teils des Schuldrechts vernetzt.

Die §§ 474–479 enthalten Sonderregeln über den Verbrauchsgüterkauf. Gemäß § 474 Abs. 1 S. 1 liegt ein Verbrauchsgüterkauf vor, wenn ein Verbraucher von einem Unternehmer eine bewegliche Sache kauft. Die besonderen Vorschriften der §§ 474–479 betreffen insbesondere den Gefahrübergang (§ 474 Abs. 4) und die Beweislastumkehr vor das Vorliegen eines Mangels bei Gefahrübergang (§ 476).

1. Abschnitt: Der Kaufvertrag

Ein Kaufvertrag liegt vor, wenn sich die Parteien darüber einigen, dass ein Kaufgegenstand gegen Zahlung eines Kaufpreises übertragen werden soll.

Kaufgegenstand ist regelmäßig eine Sache. Im Gesetz ist daher in den §§ 433–452 vorrangig der Sachkauf geregelt. Gemäß § 453 Abs. 1 finden die Vorschriften über den Kauf von Sachen auf den Kauf von Rechten und sonstigen Gegenständen entsprechende Anwendung. Rechte als Kaufgegenstand sind beispielsweise eine Forderung, eine Grundschuld oder auch ein Gesellschaftsanteil. Beispiele für sonstige Gegenstände sind Elektrizität, Fernwärme oder auch Patente und Erfindungen (Know-how).

Gemäß § 433 Abs. 1 S. 1 ist der Verkäufer einer Sache verpflichtet, dem Käufer die Sache zu übergeben und ihm das Eigentum zu ver-

1 §§ ohne Gesetzesangabe sind solche des BGB.

schaffen. Aus § 433 Abs. 1 S. 2 ergibt sich die Verpflichtung zur Verschaffung einer Sache, die frei von Sach- und Rechtsmängeln ist.

Der Käufer ist gemäß § 433 Abs. 2 verpflichtet, den Kaufpreis zu zahlen und die Sache abzunehmen. Die Zahlungsverpflichtung ist grundsätzlich in bar zu erfüllen. Weitgehend üblich ist jedoch das Einverständnis des Verkäufers in eine bargeldlose Zahlungsweise durch Überweisung oder Kartenzahlung. Ein Einverständnis in eine Überweisung liegt beispielsweise in der Angabe der Kontodaten auf der Rechnung.

2. Abschnitt: Gewährleistungsrecht

Alle Gewährleistungsansprüche setzen einen Mangel der Kaufsache voraus. Dabei kann es sich um einen Sachmangel (§ 434) oder einen Rechtsmangel (§ 435) handeln.

Die Rechte des Käufers bei einem Mangel der Kaufsache ergeben sich aus § 437.

- Gemäß §§ 437 Nr. 1, 439 kann der Käufer Nacherfüllung verlangen.
- Ein Recht zum Rücktritt kann sich aus §§ 437 Nr. 2, 323 ergeben. Das Rücktrittsrecht setzt grundsätzlich den erfolglosen Ablauf einer zur Nacherfüllung gesetzten Frist voraus. Das Recht zur Minderung aus §§ 437 Nr. 2, 441 hat die gleichen Voraussetzungen wie das Rücktrittsrecht.
- Schadensersatzansprüche oder Ansprüche auf Ersatz vergeblicher Aufwendungen können sich aus § 437 Nr. 3 i.V.m. den dort genannten Vorschriften ergeben.

A. Begriff des Mangels

I. Sachmangel, § 434

§ 434 unterscheidet sechs Fälle, in denen eine Sache frei von Sachmängeln ist oder ein Sachmangel vorliegt und welche Fälle einem Sachmangel gleichzustellen sind.

1. Beschaffenheitsvereinbarung, § 434 Abs. 1 S. 1

Weiter Beschaffenheitsbegriff

Nach **§ 434 Abs. 1 S. 1** liegt ein Sachmangel vor, wenn die Sache **nicht** die **vereinbarte** Beschaffenheit hat. Die Parteivereinbarung ist also maßgebend **(subjektiver Fehlerbegriff)**. Dahinter steht der Grundsatz der Privatautonomie. Der Begriff der „Beschaffenheit" ist im Gesetz nicht definiert. Es ist ein **weiter Beschaffenheitsbegriff** zugrunde zu legen. Danach fallen nicht nur die physischen Eigenschaften der Sache darunter, sondern auch rechtliche und wirtschaftliche Beziehungen der Sache zur Umwelt, sofern diese nach der Verkehrsanschauung für die Brauchbarkeit oder den Wert der Sache von Bedeutung sind und ihren Grund in der Sache selbst haben.

Maßgeblicher Zeitpunkt

Der Mangel muss **„bei Gefahrübergang"** (§ 434 Abs. 1 S. 1) vorliegen. Damit ist die Gegenleistungsgefahr (Preisgefahr) gemeint. Diese geht nach § 446 grundsätzlich mit der Übergabe der Sache auf den Käufer, beim Versendungskauf nach § 447 mit der Übergabe an die Transportperson über. Notieren Sie sich schon jetzt über das Wort „Gefahrübergang" den **§ 476**, der **für den Verbrauchsgüterkauf eine Sonderregel**, nämlich eine **Beweislastumkehr** enthält (vgl. S. 53).

Beispiele für einen Sachmangel nach § 434 Abs. 1 S. 1:

Der als Weibchen verkaufte Hamster ist männlich.

Das als echter Picasso verkaufte Bild ist von einem Ingolstädter Künstler.

Das verkaufte Grundstück hat nicht den versprochenen unverbauten Blick auf die Alpen.

Ein Fußballtrikot wird als Originaldress des Fußballstars Ribéry verkauft. Tatsächlich hat Ribéry dieses Trikot nie getragen.

2. Vertraglich vorausgesetzte Verwendung

Bei fehlender Beschaffenheitsvereinbarung: § 434 Abs. 1 S. 2

§ 434 Abs. 1 S. 2 trifft eine Regelung für den häufigen Fall, dass **keine Beschaffenheit vereinbart** wird.

Gemäß **§ 434 Abs. 1 S. 2 Nr. 1** ist die Sache frei von Sachmängeln, wenn sie sich für die nach dem Vertrag vorausgesetzte Verwendung eignet. Die Verwendung muss von den Parteien **nicht vereinbart**, sondern lediglich von ihnen **vorausgesetzt** sein. Dies kann ausdrücklich oder stillschweigend geschehen. Zu beachten ist jedoch zum einen, dass häufig in einer Absprache über den Verwendungszweck eine schlüssige Beschaffenheitsvereinbarung gesehen werden kann (sodass § 434 Abs. 1 **S. 1** einschlägig ist). Aus dem Zusammenspiel mit § 434 Abs. 1 S. 2 **Nr. 2** ergibt sich zum anderen, dass mit der **„nach dem Vertrag vorausgesetzten"** Verwendung etwas **anderes** als die **„gewöhnliche"** Verwendung i.S.d. § 434 Abs. 1 S. 2 Nr. 2, somit also nur eine **besondere Verwendung, die über die gewöhnliche Verwendung hinausgeht**, erfasst wird.

Beispiel: Kauft ein Käufer in einem Computergeschäft einen PC zur Grafikbearbeitung und weist auf diesen Verwendungszweck hin, stehen ihm bei Ungeeignetheit des PC die Mängelrechte gegen den Verkäufer zu, wenn der PC den speziellen Verwendungsbedingungen (etwa wegen zu geringer Prozessorleistung oder einer nicht ausreichenden Grafikkarte) nicht entspricht.

3. Eignung zur gewöhnlichen Verwendung und übliche Beschaffenheit

Nach **§ 434 Abs. 1 S. 2 Nr. 2** ist die Sache mangelfrei, wenn sie sich für die gewöhnliche (d.h. übliche) Verwendung eignet und die Beschaffenheit aufweist, die bei Sachen der gleichen Art üblich ist und die der Käufer nach der Art der Sache erwarten kann (Normalbeschaffenheit). Hier sind also **objektive Kriterien** maßgeblich!

!

Beachte: *§ 434 Abs. 1* ***S. 2 Nr. 2*** *greift also* ***nur dann*** *ein, wenn sowohl § 434 Abs. 1 S. 1 als auch § 434 Abs. 1 S. 2 Nr. 1 nicht einschlägig sind! Zu beachten ist, dass dieser Fall dennoch in der Klausur durchaus häufig vorkommen kann!*

Beispiel: K kauft bei V ein Fax-Kopierer-Kombigerät. Bei Betätigen der Kopierfunktion werden sämtliche kopierten Seiten jedoch halbseitig schwarz ausgedruckt.

Eigenschaftsangaben in der Werbung: § 434 Abs. 1 S.

Gemäß **§ 434 Abs. 1 S. 3** gehören zur Beschaffenheit nach Abs. 1 S. 2 Nr. 2 auch Eigenschaften, die der Verkäufer oder Hersteller **in der Werbung** angibt. Der Verkäufer muss sich – auch wenn er selbst gar nicht für die Werbespots und deren Inhalt verantwortlich ist – die dort geäußerten Eigenschaftsangaben zurechnen lassen. Dies gilt allerdings nicht, wenn er diese Äußerung nicht kannte oder kennen musste (Legaldefinition für „kennen müssen" in § 122 Abs. 2), die Aussage spätestens bei Vertragsschluss in vergleichbar öffentlichkeitswirksamer Weise berichtigt worden war oder die Aussage die Kaufentscheidung nicht beeinflussen konnte (weil der Käufer die Sache ohnehin gekauft hätte).

Beachte: *Zu unterscheiden hiervon – und damit nicht sachmangelbegründend i.S.d. Abs. 1 S. 3 – sind lediglich werbemäßige Äußerungen, reißerische Aussagen und nicht die Erwartung bestimmter Eigenschaften begründende öffentliche Äußerungen hinsichtlich der Kaufsache, z.B.: „Der Duft, dem Frauen nicht widerstehen können!"*

Zu montierende Kaufsache: § 434 Abs. 2

4. Unsachgemäße Montage / mangelhafte Montageanleitung

§ 434 Abs. 2 betrifft den Fall einer zu montierenden Kaufsache. Gemäß **§ 434 Abs. 2 S. 1** steht ein **Montagefehler** des Verkäufers einem Sachmangel gleich (auch wenn die vom Verkäufer gelieferte Sache mangelfrei war).

Beispiel: Käufer K kauft bei V einen Schrank, den V bei K aufbauen soll. Der Schrank wird von V fehlerhaft montiert. Nach § 434 Abs. 2 S. 1 stellt die fehlerhafte Montage einen Sachmangel dar.

Nach **Abs. 2 S. 2** ist ein Sachmangel ebenso gegeben, wenn die **Montageanleitung mangelhaft** ist, es sei denn, die Sache ist (trotzdem) fehlerfrei montiert worden (sogenannte **„IKEA-Klausel"**).

Hinweis: *Die Formulierung „es sei denn" bringt zum Ausdruck, dass das in diesem Nebensatz genannte Merkmal der Verkäufer zu beweisen hat (Beweislastumkehr).*

Beispiel: K kauft bei V einen Tisch, der vom Käufer selbst zusammenzubauen ist. K montiert die Teile gemäß der beigefügten Anleitung zusammen. Wegen der mangelhaften Anleitung wurden die Tischbeine nicht ausreichend befestigt und der Tisch bricht zusammen.

5. Aliud- und Minderlieferung

Aliud- und Mankolieferung: § 434 Abs. 3

§ 434 Abs. 3 stellt die Falschlieferung **(aliud-Lieferung)** und die Zuweniglieferung **(Mankolieferung)** dem Sachmangel gleich.
Im Hinblick auf die **Falschlieferung** ist zu beachten, dass für die Anwendung des § 434 Abs. 3 Voraussetzung ist, dass zum einen **der Verkäufer mit Erfüllungswillen** an den Käufer geliefert hat. Zum anderen muss **aus der Sicht des Käufers eine Leistung des Verkäufers aus dem Kaufvertrag** vorliegen.

Beispiel: K bestellt im Versandhandel eine Mikrowelle bei V, geliefert wird jedoch ein Paar Socken. In diesem Fall kann K nicht davon ausgehen, dass V mit der Lieferung der Socken den Kaufvertrag erfüllen wollte. Die Regelung des § 434 Abs. 3 ist in einem solchen **Extremfall**, in dem aus der Sicht des Käufers **erkennbar eine schlichte Verwechslung** vorliegt, nicht anwendbar, vielmehr sind die Regeln über die Nichtleistung (Verzögerung bzw. Unmöglichkeit) zugrunde zu legen.

Umstritten ist, ob die Gleichstellung von Falschlieferung und Schlechtlieferung nur die **Gattungsschuld (**sogenanntes **Qualifikationsaliud)** oder auch die **Stückschuld** (sogenanntes **Identitätsaliud)** erfasst. Nach h.M. in der Lit. ist insbesondere im Hinblick darauf, dass der Wortlaut des § 434 Abs. 3 nicht differenziert zwischen Gattungs- und Stückschuld, die Anwendbarkeit dieser Regelung auf das Identitätsaliud zu bejahen.

Bezüglich der **Zuweniglieferung** ist zu beachten, dass der Wortlaut „zu geringe Menge liefert" in § 434 Abs. 3 **zu weit gefasst** ist. Nach dem Willen des Gesetzgebers sind damit nämlich nur die Fälle der sogenannten **„verdeckten Mankolieferung"** gemeint, d.h.:

Der Verkäufer muss die Mindermenge **als Erfüllung seiner ganzen Verbindlichkeit** ansehen. **Nur dann** liegt ein Sachmangel vor! **Anders** ist es hingegen, wenn der Verkäufer **bewusst nur eine Teilleistung** erbringt (sogenannte „offene Mankolieferung"). In diesem Fall kommen die Regeln über die Teilleistungsstörungen (Teilunmöglichkeit bzw. Teilverzögerung) zum Zuge.

Beispiel: V verkauft K 10 Zwerghasen. Er liefert nur fünf Hasen, ist sich aber dessen bewusst, dass dies nur eine Teilleistung ist. Diese offene Mankolieferung stellt keinen Sachmangel i.S.d. § 434 Abs. 3 dar.

Übersicht zum Sachmangel nach § 434

Übersicht: Der Sachmangel nach § 434

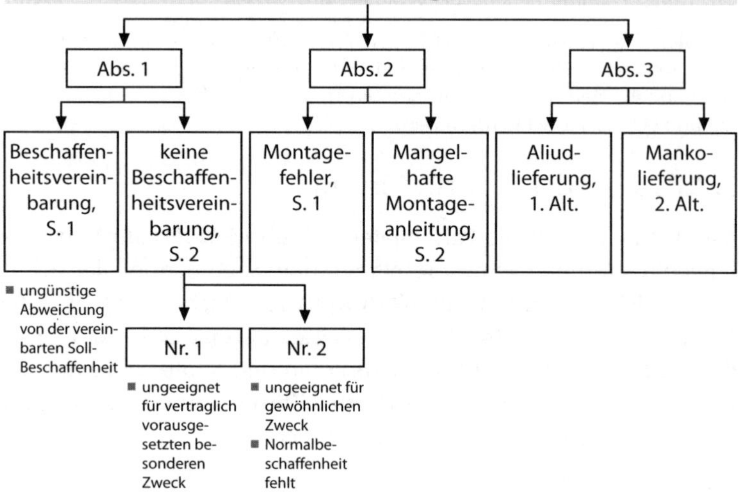

Rechtsmangel, § 435

II. Rechtsmangel, § 435

Wie sich insbesondere aus § 433 Abs. 1 S. 2 und § 437 ergibt, wird der Rechtsmangel, der in **§ 435** geregelt ist, dem Sachmangel (§ 434) gleichgestellt. Beim Rechtsmangel spielt es keine Rolle, ob eine Verwendungsbeeinträchtigung des Kaufgegenstands gegeben ist, vielmehr ist das **objektive Bestehen** des Rechtsmangels ausreichend. § 436 ist als Sonderregelung zu § 435 anzusehen und nimmt bestimmte Bereiche aus der Rechtsmängelhaftung aus.

Rechtsmängel können sich aus privatrechtlichen Rechten Dritter oder aus öffentlich-rechtlichen Beschränkungen ergeben.

Rechtsmangel

- **Privatrechtliche Rechte Dritter als Rechtsmangel**

  Beispiele: Bestehende dingliche Belastungen der Kaufsache, wie z.B. Hypothek, Grundschuld oder bei beweglichen Sachen das Pfandrecht

- **Obligatorische Rechte**, soweit sie einem Dritten berechtigten Besitz verschaffen.

  Beispiel: Das verkaufte Grundstück ist vermietet.

- Immaterialgüterrechte, wie Patent- und Warenzeichenrechte

- Zweifelhaft ist, ob **mangelndes Eigentum** des Käufers an Sachen einen Rechtsmangel darstellt.

  Beispiel: V verkauft dem K einen Pkw, den er zuvor gestohlen hat.

  Steht die Sache im Eigentum eines Dritten, so handelt es sich nach der h.M. nicht um einen Rechtsmangel, sondern vielmehr um die Verletzung der Eigentumsverschaffungspflicht aus § 433 Abs. 1 S. 1. Somit greifen in diesem Fall nicht die Gewährleistungsregeln, sondern das allgemeine Leistungsstörungsrecht.

Maßgeblicher Zeitpunkt

Zu beachten ist, dass der **maßgebliche Zeitpunkt für das Vorliegen des Rechtsmangels** der Zeitpunkt ist, in dem der **Erwerb** der Sache eintritt. Dies ist bei beweglichen Sachen der Zeitpunkt der Eigentumsübertragung gemäß §§ 929 ff., bei Grundstücken der Zeitpunkt, in dem der Eigentumserwerb durch Auflassung und Eintragung im Grundbuch vollendet wird (§§ 873, 925).

Beispiel: V verkauft an K eine Eigentumswohnung, die der Sozialbindung nach dem Wohnungsbindungsgesetz unterliegt. Wie ist die Rechtslage, wenn
I. der K hiervon keine Kenntnis hatte bzw. wenn
II. der K diese Beschränkung im Kaufvertrag übernommen hat?

I. Die Sozialbindung knüpft in keiner Weise an die Beschaffenheit der Sache selbst oder an ihre Beziehung zur Umwelt an, sondern beruht allein auf einem Umstand, der für einen Käufer ohne Kenntnis der Vorgeschichte (bzgl. der öffentlichen Hilfe für den Ersteller bei der Finanzierung der Wohnung) nicht erkennbar ist. Es liegt also ein **Rechtsmangel i.S.d. § 435** vor. K hat somit die **Rechte aus § 437**.
II. § 435 stellt klar, dass solche Beschränkungen, die der Käufer im Kaufvertrag übernimmt, keinen Rechtsmangel darstellen. Es ist also **kein Rechtsmangel nach § 435** gegeben.

1. Wie ist der Begriff der Beschaffenheit definiert?	**1.** Darunter fallen nicht nur physische Eigenschaften der Sache, sondern auch rechtliche und wirtschaftliche Beziehungen der Sache zur Umwelt, sofern diese nach der Verkehrsanschauung für die Brauchbarkeit oder den Wert der Sache von Bedeutung sind und ihren Grund in der Sache selbst haben, z.B. unverbaubarer Blick auf die Alpen.
2. Welche Regelung greift ein, wenn keine Beschaffenheit vereinbart worden ist?	**2.** § 434 Abs. 1 S. 2. Nach Nr. 1 ist die Sache frei von Sachmängeln, wenn sie sich für die nach dem Vertrag vorausgesetzte Verwendung eignet. Die Verwendung muss von den Parteien nicht vereinbart, sondern lediglich von ihnen vorausgesetzt sein. Nach § 434 Abs. 1 S. 2 Nr. 2 ist die Sache mangelfrei, wenn sie sich für die gewöhnliche (d.h. übliche) Verwendung eignet und eine Beschaffenheit aufweist, die bei Sachen der gleichen Art üblich sind und die der Käufer nach der Art der Sache erwarten kann.
3. Wird jede Falschlieferung (aliud-Lieferung) vom Mangelbegriff des § 434 Abs. 3 erfasst?	**2.** Nein. Voraussetzung für die Anwendung des § 434 Abs. 3 ist, dass der Verkäufer mit Erfüllungswillen an den Käufer geliefert hat. Zum anderen muss aus der Sicht des Käufers eine Leistung des Verkäufers aus dem Kaufvertrag vorliegen. Dies ist nicht der Fall bei offensichtlichen Verwechslungen.
4. Woraus können sich Rechtsmängel, § 435, ergeben?	**3.** Dies können privatrechtliche Rechte Dritter wie dingliche Belastungen der Kaufsache sein, obligatorische Rechte dann, soweit sie einem Dritten berechtigten Besitz beschaffen und Immaterialgüterrechte. Auch öffentlich-rechtliche Nutzungsbeschränkungen oder Beschränkungen, die zum Entzug des Eigentums bzw. des Besitzes (Beschlagnahme gemäß § 111 b Abs. 5 StPO) führen, begründen einen Rechtsmangel. Für öffentlich-rechtliche Lasten an Grundstücken (Erschließungsbeiträge, sonstige Anliegerbeiträge) enthält § 436 eine Sondervorschrift.
5. Stellt mangelndes Eigentum an einer Sache einen Rechtsmangel dar?	**4.** Steht die Sache im Eigentum eines Dritten, so handelt es sich nach h.M. nicht um einen Rechtsmangel, sondern vielmehr um die Verletzung der Eigentumsverschaffungspflicht aus § 433 Abs. 1 S. 1. Somit greifen in diesem Fall nicht die Gewährleistungsregeln, sondern das allgemeine Leistungsstörungsrecht ein.

B. Rechte des Käufers bei einem Mangel

I. Nacherfüllungsanspruch, §§ 437 Nr. 1, 439

Verletzt der Verkäufer seine Pflicht aus § 433 Abs. 1 S. 2, so hat der Käufer gemäß §§ 437 Nr. 1, 439 einen (verschuldensunabhängigen!) Nacherfüllungsanspruch. § 437 ist dabei die Verweisungsnorm, § 439 die Anspruchsgrundlage. Gemäß § 439 Abs. 1 hat der **Käufer grundsätzlich ein Wahlrecht**, ob er Nacherfüllung (Lieferung einer anderen mangelfreien Sache) oder Mängelbeseitigung (Nachbesserung der gelieferten mangelhaften Sache) begehrt.

Wahlrecht des Käufers, § 439 Abs. 1

Der Nacherfüllungsanspruch ist ein modifizierter Erfüllungsanspruch: Es ist also der ursprüngliche Erfüllungsanspruch in modifizierter Form (modifiziert deshalb, weil insbesondere als Verjährungsvorschrift nicht – wie beim ursprünglichen Erfüllungsanspruch des § 433 Abs. 1 – § 195, sondern § 438 eingreift). Mit der mangelhaften Lieferung verwandelt sich der Erfüllungsanspruch in einen Nacherfüllungsanspruch.

Modifizierter Erfüllungsanspruch

Der Nacherfüllungsanspruch erlischt nicht bereits dadurch, dass der Käufer eine Frist zur Nacherfüllung nach § 323 Abs. 1 Alt. 2 (§ 441 Abs. 1 S. 1) oder § 281 Abs. 1 S. 1 Alt. 2 gesetzt hat und diese erfolglos verstrichen ist. Vielmehr erlischt er erst dann, wenn der Käufer tatsächlich den Rücktritt oder die Minderung nach § 349 (§ 441 Abs. 1 S. 1) erklärt oder Schadensersatz statt der Leistung geltend gemacht hat (§ 281 Abs. 4).

Prüfungsschema für den Nacherfüllungsanspruch, §§ 437 Nr. 1, 439 Abs. 1

A. Voraussetzungen

I. Wirksamer Kaufvertrag über eine Sache

II. Die Kaufsache muss bei **Gefahrübergang** mit einem **Sachmangel**, § 434, oder bei Erwerb mit einem **Rechtsmangel**, § 435, behaftet sein.

B. Kein Ausschluss der Gewährleistung durch Rechtsgeschäft oder Gesetz

C. Rechtsfolge: Nach § 439 Abs. 1 hat der **Käufer** bei der Nacherfüllung das Wahlrecht, ob er Beseitigung des Mangels (Nachbesserung oder Mangelbeseitigung) oder Lieferung einer mangelfreien Sache (Nachlieferung oder Ersatzlieferung) verlangt.

I. Inhalt des Anspruchs: Anspruchsumfang, Erfüllungsort, Kostentragung

II. Ausschluss der Nacherfüllung

1. Unmöglichkeit, § 275 Abs. 1
2. Unzumutbarkeit gemäß § 439 Abs. 3 S. 1
3. oder Unzumutbarkeit gemäß § 275 Abs. 2 oder 3

D. Verjährung des Nacherfüllungsanspruchs, § 438

1. Voraussetzungen

Es muss ein wirksamer Kaufvertrag vorliegen. Direkt anwendbar sind die §§ 437 Nr. 1, 439 nur beim Sachkauf. § 438, § 480 und § 651 verweisen auf die Vorschriften über den Kauf einer Sache und damit auch auf die §§ 437 Nr. 1, 439.

Die Sache muss bei Gefahrübergang mit einem Sachmangel oder bei Erwerb mit einem Rechtsmangel behaftet sein.

Ausschlussgründe

2. Kein Ausschluss der Gewährleistung

Ein Ausschluss der gesamten Gewährleistungsrechte kann durch individualvertragliche Vereinbarung und durch Allgemeine Geschäftsbedingungen erfolgen (vgl. unten S. 78 f.)

Gesetzliche Gewährleistungsausschlüsse enthalten § 442 Abs. 1 S. 1 (Kenntnis des Käufers vom Mangel), § 442 Abs. 1 S. 2 (grobfahrlässige Unkenntnis des Käufers, soweit der Verkäufer nicht arglistig handelt oder eine Garantie übernommen hat), § 445 (Haftungsbegrenzung bei öffentlichen Versteigerungen) und § 377 HGB beim beiderseitigen Handelskauf.

3. Rechtsfolgen des Nacherfüllungsanspruchs

a) Anspruchsinhalt

Gemäß § 439 Abs. 1 kann der Käufer nach seiner Wahl die Beseitigung des Mangels oder die Lieferung einer mangelfreien Sache verlangen.

aa) Aus- und Einbau der Sache bei Nachlieferung

Wenn der Käufer die mangelhafte Sache in eine andere eingebaut hat (beispielsweise Fliesen), ist fraglich, ob der Verkäufer durch den Nachlieferungsanspruch zum Ausbau der mangelhaften Sache und zum Einbau der nachgelieferten Sache verpflichtet ist.

Beim Verbrauchsgüterkauf ergibt sich aus einer richtlinienkonformen Auslegung des § 439, dass eine Verpflichtung des Verkäufers zum Aus- und Einbau besteht. Aus- und Einbau sind mit Kosten verbunden und damit für den Käufer nicht unentgeltlich, wie es Art. 3 Abs. 2 u. 3 der Richtlinie über den Verbrauchsgüterkauf (1999/44/EG) verlangen. Überdies stellt der Aus- und Einbau eine gemäß Art. 3 Abs. 3 der Richtlinie nicht zulässige erhebliche Unannehmlichkeit für den Käufer dar.

Außerhalb eines Verbrauchsgüterkaufs besteht nach h.M. keine Verpflichtung zum Ausbau der mangelhaften Sache und Einbau der nachgelieferten Sache. Bei dem Nacherfüllungsanspruch handelt es sich um eine Modifikation des ursprünglichen Erfüllungsanspruchs aus § 433 Abs. 1. Die Ersatzlieferung erfordert daher eine vollständige Wiederholung der Leistungen, zu denen der Verkäufer nach § 433 Abs. 1 S. 1 u. 2 verpflichtet ist, also Übertragung des Besitzes und Verschaffung des Eigentums an einer mangelfreien Sache. Aus- und Einbaupflichten gehören nicht zum ursprünglichen Erfüllungsanspruch und damit auch nicht zu dessen Modifikation. Weiterhin bezieht sich der Ausbau auf eine andere Sache, als die mit der Nachlieferung geschuldete und eine Einbauverpflichtung würde den ursprünglich geschuldeten Leistungsumfang deutlich erweitern.

bb) Erfüllungsort

Streitig ist, an welchem Ort die Nacherfüllung zu erfolgen hat, ob der Käufer dem Verkäufer die Sache bringen muss oder ob der Verkäufer sie am Wohnsitz des Käufers austauschen oder reparieren muss. Zum Teil wird davon ausgegangen, dass bei fehlender Vereinbarung Leistungsort der Nacherfüllung der Ort ist, an dem sich die Sache vertragsgemäß befindet (Belegenheitsort). Dies wird in der Regel der Wohnsitz des Käufers sein. Nach der neuesten BGH-Rspr.[2] richtet sich der Erfüllungsort der Nacherfüllung jedoch nach § 269 (im Zweifel **Sitz des Verkäufers**).

cc) Kosten der Nacherfüllung

Gemäß § 439 Abs. 2 hat der Verkäufer die zum Zweck der Nacherfüllung **erforderlichen Aufwendungen**, insbesondere Transport-, Wege-, Arbeits- und Materialkosten zu tragen.

§ 439 Abs. 2 ist unstreitig eine Regelung über die Kostentragung. Nach der Rspr. ist die Vorschrift darüber hinaus auch eine selbstständige Anspruchsgrundlage.

dd) Gegenanspruch des Verkäufers auf Nutzungen

Liefert der Verkäufer zum Zweck der Nacherfüllung eine mangelfreie Sache, kann er vom Käufer Rückgewähr der mangelhaften Sachen nach den Rücktrittsvorschriften verlangen.

Gemäß § 474 Abs. 2 S. 1 ist bei einem Verbrauchsgüterkauf § 439 Abs. 4 mit der Maßgabe anzuwenden, dass Nutzungen nicht herauszugeben oder durch ihren Wert zu ersetzen sind. Daraus ergibt sich im Gegenschluss, dass bei Kaufverträgen außerhalb des Verbrauchsgüterkaufs Wertersatz für die gezogenen Nutzungen zu leisten ist.

b) Ausschluss und Einschränkungen der Nacherfüllung

aa) Unmöglichkeit gemäß § 275 Abs. 1

Die Nacherfüllung ist gemäß § 275 Abs. 1 ausgeschlossen, wenn sie unmöglich ist.

Ob § 275 Abs. 1 eingreift, muss für jede der beiden Arten der Nacherfüllung gesondert festgestellt werden. Ist nur eine Form der

2 BGH, Urt. v. 13.04.2011 – VII ZR 220,/10, RÜ 2011, 414.

Nacherfüllung ausgeschlossen, so bleibt der Verkäufer zur anderen verpflichtet.

Die **Mängelbeseitigung** ist unmöglich, wenn der Mangel unbehebbar ist (Beispiel: Verkauf eines Unfallwagens als unfallfrei).

Die **Nachlieferung** ist bei einem Gattungskauf nur dann ausgeschlossen, wenn eine Lieferung aus der Gattung nicht möglich ist. Ist bei einem **Stückkauf** die Sache untergegangen, ist die Nachlieferung nicht grundsätzlich von vornherein ausgeschlossen. Eine Nachlieferung ist nach ganz h.M. dann möglich, wenn die Kaufsache nach dem durch Auslegung zu ermittelnden Willen der Parteien durch eine gleichartige und gleichwertige ersetzt werden kann. Bei einem Gebrauchtwagenkauf kommt es dem Käufer regelmäßig auf einen bestimmten Typ und eine bestimmte Merkmale des Fahrzeugs wie Alter, Laufleistung und Ausstattung an. Eine Nachlieferung ist regelmäßig ausgeschlossen. Etwas anders kann beispielsweise dann der Fall sein, wenn der Käufer ein Gebrauchtwagenhändler ist, der beabsichtigt, die erworbenen Fahrzeuge weiterzuveräußern.

bb) Unverhältnismäßige Kosten

Nach § 439 Abs. 3 S. 1 kann der Verkäufer die Nachlieferung verweigern, wenn sie nur mit unverhältnismäßigen Kosten möglich ist. Die Feststellung der Unverhältnismäßigkeit erfordert eine umfassende Interessenabwägung.

Zunächst sind die in § 439 Abs. 3 genannten Umstände festzustellen. Weiterhin ist zu berücksichtigen, ob und in welchem Maß der Verkäufer den Mangel zu vertreten hat. Danach hat eine Interessenabwägung zu erfolgen, bei der auch prozentuale Werte als Indiz berücksichtigt werden können.

Eine besondere Bedeutung hat die in **§ 439 Abs. 3 S. 2** genannte Frage, ob auf eine andere Art der Nacherfüllung ohne erhebliche Nachteile für den Käufer zurückgegriffen werden kann.

- Ist die andere Art der Nacherfüllung unmöglich, scheidet sie für einen Vergleich aus. Die Unverhältnismäßigkeit kann sich dann nur aus den hohen Kosten für die konkrete Nacherfüllungsart ergeben (**absolute Unverhältnismäßigkeit**). Absolute Unverhältnismäßigkeit liegt auch vor, wenn beide Arten der Nacherfüllung unverhältnismäßig sind (§ 439 Abs. 3 S. 3 Hs. 2).

- Ist die andere Art der Nacherfüllung möglich, kann für die Prüfung der Unverhältnismäßigkeit ein Vergleich mit ihr erfolgen (**relative Unverhältnismäßigkeit**).

Auch wenn eine umfassende Interessenabwägung erforderlich ist, kann die Überschreitung prozentualer Grenzen als Faustregel dienen und einen ersten Anhaltspunkt bieten.

Absolute Unverhältnismäßigkeit ist indiziert, wenn die Kosten der Nacherfüllung 150% des Wertes der Sache im mangelfreien Zustand oder 200% des mangelbedingten Minderwertes übersteigen. Bei Grundstückskaufverträgen spricht es für Unverhältnismäßigkeit, wenn die Kosten des Anspruchs auf Nacherfüllung den Verkehrswert des Grundstücks übersteigen. Bei einem Verbrauchsgüterkauf ist die Annahme absoluter Unverhältnismäßigkeit ausgeschlossen, weil dies der Richtlinie über den Verbrauchsgüterkauf (1999/44/EG) widersprechen würde.

Für relative Unverhältnismäßigkeit spricht es, wenn die gewählte Art der Nacherfüllung die andere Art hinsichtlich der Kosten um mehr als 20% übersteigt.

Beispiel 1:

K kauft im Heimwerkergeschäft des V Schrauben mit Gewindefehlern.
V kann eine Beseitigung des Mangels wegen der unverhältnismäßigen Kosten gemäß **§ 439 Abs. 3 S. 1, 2** verweigern (dies ist bei geringwertigen Sachen des Alltags regelmäßig so). K kann somit lediglich die andere Art der Nacherfüllung, nämlich Ersatzlieferung verlangen (vgl. **§ 439 Abs. 3 S. 3 Hs. 1**).

Beispiel 2:

K kauft ferner im Elektromarkt des E eine Waschmaschine, die zwar mangelhaft ist, bei der aber der Mangel durch einfaches Austauschen einer Schraube behoben werden kann.
V kann die Lieferung einer neuen Waschmaschine wegen der damit verbundenen unverhältnismäßigen Kosten verweigern (vgl. **§ 439 Abs. 3 S. 1, 2**). Der K ist auf die Mängelbeseitigung beschränkt (vgl. **§ 439 Abs. 3 S. 3 Hs. 1**).

cc) Unzumutbarkeit gemäß § 275 Abs. 2 u. 3

In § 439 Abs. 3 S. 1 ist klargestellt, dass § 275 Abs. 2 und Abs. 3 neben § 439 Abs. 3 anwendbar sind. Soweit allerdings die Kosten der Nacherfüllung die Unverhältnismäßigkeit begründen, hat § 439 Abs. 3 S. 1 die geringeren Voraussetzungen und ist damit faktisch eine spezielle Regelung. Fälle, in denen die Unverhältnismäßigkeit nicht auf den Kosten der Nacherfüllung beruht, haben keine praktische Bedeutung.

4. Wahlrecht des Käufers

Soweit kein Ausschluss oder eine Einschränkung des Nacherfüllungsanspruchs vorliegt, kann der Käufer nach seiner **Wahl die Beseitigung des Mangels** oder die **Lieferung einer mangelfreien Sache verlangen**, §§ 437 Nr. 1, 439 Abs. 1. Die übrigen Gewährleistungsrechte aus § 437 Nr. 2 (Rücktritt oder Minderung) oder § 437 Nr. 3 (Schadensersatz oder Aufwendungsersatz) kann er grundsätzlich nur geltend machen, wenn er zuvor dem Verkäufer die Möglichkeit gegeben hat, nachzuerfüllen. Hat der Käufer von seiner Wahl Gebrauch gemacht, so kann er nach h.M. **seine Wahl noch wechseln**. Es handelt sich nicht um eine Wahlschuld, sondern um eine elektive Konkurrenz. Eine elektive Konkurrenz ist gegeben, wenn dem Berechtigten kraft Gesetzes mehrere voneinander verschiedene Ansprüche für die Rechtsausübung zur Wahl gestellt werden.

Käufer kann Wahl wechseln

II. Die Verjährung des Nacherfüllungsanspruchs

Ist der Nacherfüllungsanspruch verjährt und beruft sich der Verkäufer auf die Verjährung, so ist der Nacherfüllungsanspruch nicht durchsetzbar. Die klausurrelevante Problematik der Verjährung der Mängelrechte (§§ 214, 438) werden wir später in einem eigenen Gliederungspunkt darstellen.

1. Warum ist der Nacherfüllungsanspruch ein modifizierter Erfüllungsanspruch?

1. Der Käufer hat gemäß § 433 Abs. 1 S. 2 einen Anspruch auf Lieferung einer mangelfreien Sache. Mit der mangelhaften Lieferung verwandelt sich der Erfüllungsanspruch in einen Anspruch auf Nacherfüllung. Dieser ist ein modifizierter Erfüllungsanspruch insbesondere weil er gemäß § 438 einer anderen Verjährung als der ursprüngliche Erfüllungsanspruch unterliegt.

2. Umfasst der Nachlieferungsanspruch auch den Ausbau einer mangelhaften Sache und den Einbau der nachgelieferten Sache, wenn der Käufer die Sache in eine andere eingebaut hat?

2. Beim Verbrauchsgüterkauf ergibt sich aus einer richtlinienkonformen Auslegung des § 439, dass eine Verpflichtung des Verkäufers zum Aus- und Einbau besteht. Aus- und Einbau sind mit Kosten verbunden und damit für den Käufer nicht unentgeltlich, wie es Art. 3 Abs. 2 u. 3 der Richtlinie über den Verbrauchsgüterkauf (1999/44/EG) verlangen.

Außerhalb eines Verbrauchsgüterkaufs besteht nach h.M. keine Verpflichtung zum Ausbau der mangelhaften Sache und Einbau der nachgelieferten Sache. Die Ersatzlieferung erfordert nur eine vollständige Wiederholung der Leistungen, zu denen der Verkäufer nach § 433 Abs. 1 S. 1 u. 2 verpflichtet ist, also Übertragung des Besitzes und Verschaffung des Eigentums an einer mangelfreien Sache.

3. Was ist der Erfüllungsort der Nacherfüllung?

3. Der Erfüllungsort der Nacherfüllung richtet sich nach § 269, also im Zweifel Sitz des Verkäufers.

4. Muss der Käufer einer mangelhaften Sache Nutzungsersatz leisten?

4. Gemäß § 474 Abs. 2 S. 1 muss beim Verbrauchsgüterkauf bei der Nachlieferung kein Nutzungsersatz geleistet werden. Daraus kann geschlossen werden, dass im Übrigen Nutzungsersatz zu leisten ist.

5. Was bedeuten die Begriffe absolute und relative Unverhältnismäßigkeit bei der Prüfung des § 439 Abs. 3?

5. Nach **§ 439 Abs. 3 S. 2** ist zu prüfen, ob auf eine andere Art der Nacherfüllung ohne erhebliche Nachteile für den Käufer zurückgegriffen werden kann. Ist die andere Art der Nacherfüllung unmöglich, scheidet sie für einen Vergleich aus. Die Unverhältnismäßigkeit kann sich dann nur aus den hohen Kosten für die konkrete Nacherfüllungsart ergeben (**absolute Unverhältnismäßigkeit**). Ist die andere Art der Nacherfüllung möglich, kann für die Prüfung der Unverhältnismäßigkeit ein Vergleich mit ihr erfolgen (**relative Unverhältnismäßigkeit**).

III. Rücktritt oder Minderung

Rücktritt und Minderung stehen in einem Alternativverhältnis. Es kann nur entweder der Rücktritt oder die Minderung erklärt werden. Dies geht aus dem „oder" in § 437 Nr. 2 bzw. der Formulierung „Statt zurückzutreten" in § 441 Abs. 1 S. 1 hervor.

- **Allgemeines** zur Einordnung der §§ 323, 326 Abs. 5, 440:

Allgemeine Einordnung der §§ 323, 326 Abs. 5, 440

  - **§ 323 Abs. 1** enthält zwei gesetzliche Rücktrittsgründe: Rücktritt bei Verzögerung (1. Alt.) und Rücktritt bei Schlechtleistung (2. Alt.).
  - § 323 Abs. 1 Alt. 1 würde zwar vom Wortlaut her („Nichterbringung der Leistung") an sich auch die Unmöglichkeit erfassen. Allerdings ist für das Rücktrittsrecht bei Unmöglichkeit die Regelung des **§ 326 Abs. 5** lex specialis, die wiederum auf § 323 verweist (vgl. § 326 Abs. 5 Hs. 2) mit der Maßgabe, dass eine vorherige erfolglose Fristsetzung entbehrlich ist.
  - **§ 440** erweitert die (Ausnahme-)Fälle der Entbehrlichkeit der Fristsetzung vor dem Rücktritt. § 440 ergänzt also für das Kaufrecht die allgemeine Regelung des § 323 Abs. 2.

- Für die **Schlechtleistung im Kaufrecht** erklärt sich das Zusammenspiel der genannten Normen somit wie folgt:

Zusammenspiel der Regelungen bei einer Schlechtleistung im Kaufrecht

  - **§ 437 Nr. 2** ist lediglich die Rechtsgrundverweisungsnorm, d.h. das Rücktrittsrecht ergibt sich im Falle des Mangels im Kaufrecht **stets aus § 323 Abs. 1 Alt. 2** Insoweit ist dann wie folgt **zu unterscheiden**:
  - Ist der **Nacherfüllungsanspruch möglich**, dann ist **§ 323 Abs. 1 Alt. 2 unmittelbar** als Rücktrittsgrund einschlägig.

    Hinweis: *Als besonderer Ausschlussgrund ist § 323 Abs. 5 S. 2 zu beachten: Die Pflichtverletzung (also letztlich der Mangel) muss erheblich sein. Andernfalls ist der Rücktritt ausgeschlossen. Gemäß § 441 Abs. 1 S. 2 gilt dieser Ausschlussgrund jedoch nicht für die Minderung.*

!

  - Ist hingegen der **Nacherfüllungsanspruch unmöglich**, dann macht eine Fristsetzung (nach § 323 Abs. 1) keinen Sinn. In diesem Fall ist **§ 323 Abs. 1 Alt. 2 über die Regelung des § 326 Abs. 5** als Rücktrittsgrund heranzuziehen, die Fristsetzung ist danach stets entbehrlich.

***Hinweis:** Nach § 326 Abs. 5 Hs. 2 gilt auch hier der Ausschlussgrund des § 323 Abs. 5 S. 2 für den Rücktritt!*

- Die Normen der **§§ 326 Abs. 5 und 440 modifizieren** also das Rücktrittsrecht aus § 323 Abs. 1 Alt. 2 im Hinblick auf das Erfordernis der vorherigen erfolglosen Fristsetzung!

- Zu beachten ist, dass diese Unterscheidung nicht nur für das Rücktrittsrecht des Käufers gilt, sondern auch für dessen **Minderungsrecht**. Dies ergibt sich aus dem Wortlaut des § 441 Abs. 1 S. 1 („Statt zurückzutreten ..."), woraus folgt, dass die Voraussetzungen des Rücktrittsrechts auch für die Minderung gegeben sein müssen.

  ***Hinweis:** Nochmals betont sei aber, dass gemäß § 441 Abs. 1 S. 2 bei der Minderung der Ausschlussgrund des § 323 Abs. 5 S. 2 nicht gilt!*

Rücktritt und Minderung im Kaufrecht

Ausgangspunkt:
- Schlechtleistung, §§ 434, 435
- Rechtsgrundverweis von § 437 Nr. 2

Nacherfüllung möglich	Nacherfüllung unmöglich
▪ **§ 323 Abs. 1 Alt. 2 unmittelbar** anwendbar! ▪ **grds.:** Fristsetzung erforderlich ▪ **Ausnahme:** entbehrlich gem. § 323 Abs. 2 oder § 440	▪ § 323 Abs. 1 Alt. 2 **über § 326 Abs. 5 Hs. 2** anwendbar! ▪ **stets keine** Fristsetzung erforderlich, da sinnlos!

Wirkungen des Rücktritts

Der **Rücktritt hat zwei wesentliche Auswirkungen:** Zum einen **erlöschen die Erfüllungsansprüche ex nunc** („Befreiungswirkung"). Zum anderen besteht ein **Anspruch der Parteien nach § 346 Abs. 1 auf Rückgewähr der erbrachten Leistungen**. In einer Klausur mit Problemen im Zusammenhang mit Mängeln der Kaufsache hat die letztgenannte Auswirkung besondere Bedeutung, da oftmals nach dem Anspruch des Käufers auf Rückzahlung des Kaufpreises gefragt wird.

Aufbauschema für den Rücktritt des Käufers, §§ 437 Nr. 2, 323

I. Voraussetzungen des Rücktrittsrechts (Rücktrittsgrund), §§ 437 Nr. 2 Alt. 1, 323

1. Wirksamer Kaufvertrag zwischen Verkäufer und Käufer
2. Die Kaufsache muss bei Gefahrübergang mit einem Sachmangel (§ 434) oder bei Erwerb mit einem Rechtsmangel (§ 435) behaftet sein
3. **Erfolgloser Ablauf einer angemessenen Frist oder Entbehrlichkeit der Fristsetzung (§ 323)**

II. Kein Ausschluss

1. Rücktrittsrecht ausgeschlossen, **§ 323 Abs. 5 S. 1**, Unerheblichkeit der Pflichtverletzung; § 323 Abs. 6: Käufer allein oder weit überwiegend verantwortlich
2. Kein Gewährleistungsausschluss durch Vertrag oder Gesetz

III. Erklärung des Rücktritts, § 349

IV. Rechtsfolgen des Rücktritts, §§ 346, 347

V. Unwirksamkeit des Rücktritts gemäß §§ 438 Abs. 4, 218

1. Voraussetzungen des Rücktrittsrechts

a) Wirksamer Kaufvertrag

b) Die Kaufsache muss bei Gefahrübergang mit einem Sachmangel, § 434, oder beim Erwerb mit einem Rechtsmangel, § 435, behaftet sein.

c) Erfolgloser Ablauf einer angemessenen Frist oder Entbehrlichkeit der Fristsetzung

aa) Erfolgloser Ablauf einer angemessenen Frist

Aufforderung zur Erfüllung

Der Käufer muss den Verkäufer zur Erfüllung auffordern und eine Frist hinzusetzen, dabei ist nicht erforderlich, dass ein bestimmter Zeitpunkt oder Zeitraum angegeben wird, sondern es reicht eine Aufforderung zur unverzüglichen Leistung aus, wenn der Zeitraum bestimmt oder bestimmbar ist.

Beispiele: Nacherfüllung „in angemessener Zeit" oder „umgehend" oder „so schnell wie möglich".
Damit wird eine zeitliche Grenze gesetzt, die aufgrund der jeweiligen Umstände des Einzelfalls bestimmbar ist.

Vornahme der Leistungshandlung

Die Frist muss angemessen sein, d.h. dem Verkäufer muss die letzte Möglichkeit zur Erfüllung gegeben werden. Er muss in der Lage sein, innerhalb der Frist die **Leistungshandlung** vorzunehmen.

Beispiel: Beim Versendungskauf muss der Verkäufer die Möglichkeit haben, innerhalb der Frist die Sache zum Versand zu bringen (beachte Sonn- und Feiertage).

Zu kurze Frist

Ist die Frist zu kurz bemessen, so führt dies nicht zur Unwirksamkeit, sondern es wird eine angemessene Frist in Gang gesetzt. Verstreicht die Frist, ohne dass der Verkäufer die Leistungshandlung vornimmt, so ist der Käufer zum Rücktritt berechtigt.

bb) Entbehrlichkeit der Fristsetzung

Entbehrlichkeit der Fristsetzung kraft Gesetzes

In §§ 326 Abs. 5, 323 Abs. 2, 440 und 478 sind Fälle geregelt, in denen kraft Gesetzes eine Fristsetzung entbehrlich ist.

- **§ 326 Abs. 5: Unmöglichkeit** der Nacherfüllung
- **§ 440** enthält besondere Bestimmungen für den Rücktritt und Schadensersatz, in denen im **Kaufrecht eine Fristsetzung entbehrlich** ist.
  - **§ 440 S. 1 Var. 1,** wenn der Verkäufer beide Arten der Nacherfüllung gemäß § 439 Abs. 3 **(unverhältnismäßige Kosten)** verweigert.
  - **§ 440 S. 1 Var. 2,** wenn die dem Käufer zustehende Art der **Nacherfüllung fehlgeschlagen** ist. Dabei gilt gemäß § 440 S. 2 die Nacherfüllung nach dem zweiten erfolglosen Versuch grundsätzlich als fehlgeschlagen.
  - **§ 440 S. 1 Var. 2,** wenn die Nacherfüllung für den Käufer **unzumutbar** ist.
    Dabei kann sich die Unzumutbarkeit bspw. aus der Person des Verkäufers ergeben (Unzuverlässigkeit) oder aus der Art der Mangelhaftigkeit (gesundheitsgefährdendes Gammelfleisch).
- § 323 Abs. 2 kennt drei weitere Fälle, in denen die Fristsetzung entbehrlich ist. Wichtigster Fall ist dabei § 323 Abs. 2 Nr. 1, wonach die Fristsetzung entbehrlich ist, wenn der Schuldner die Leistung ernsthaft und endgültig verweigert.
  - § 323 Abs. 2 Nr. 1: Ernsthafte und endgültige Verweigerung der Leistung. Der Verkäufer muss eindeutig zum Ausdruck bringen, er werde die Nacherfüllung nicht vornehmen. Es muss ausgeschlossen erscheinen, dass er sich von einer Nachfristsetzung umstimmen lässt.

- § 323 Abs. 2 Nr. 2: Leistung zu einem im Vertrag bestimmten Termin oder einer Frist nicht erfolgt, obwohl sie für den Gläubiger wesentlich ist.
- § 323 Abs. 2 Nr. 3: Besondere Umstände, die unter Abwägung der beiderseitigen Interessen den sofortigen Rücktritt rechtfertigen. Ein solcher Umstand liegt beispielsweise vor, wenn der Verkäufer einen Mangel arglistig verschweigt, denn eine arglistige Täuschung zerstört die für die Nacherfüllung erforderliche Vertrauensgrundlage.

2. Ausschlussgründe

Neben den vertraglichen und gesetzlichen Gewährleistungsausschlussgründen ist beim Rücktritt vor allem der besondere Ausschlussgrund des § 323 Abs. 5 S. 2 zu beachten

1. Ausschluss des Rücktrittsrechts, § 323 Abs. 5 S. 1

Pflichtverletzung unerheblich

Hiernach ist der Rücktritt ausgeschlossen, wenn die **Pflichtverletzung (d.h. der Mangel) nur unerheblich** ist. Was „unerheblich" ist, beurteilt sich aufgrund einer umfassenden Interessenabwägung; heranzuziehen sind die Umstände des Einzelfalles, insbesondere Inhalt und Zweck des jeweiligen Vertrags.

Die Erheblichkeit eines Mangels ist indiziert, wenn er auf einer Abweichung von der vertraglichen Beschaffenheit (§ 434 Abs. 1 S. 1) beruht. Nach st.Rspr. ist auch bei einer arglistigen Täuschung des Verkäufers grundsätzlich davon auszugehen, dass der Mangel erheblich ist.

Ein behebbarer Mangel ist unerheblich, wenn die Kosten der Mängelbeseitigung im Verhältnis zum Kaufpreis geringfügig sind. Nach der Rspr. ist im Rahmen einer Interessenabwägung unter Würdigung der Umstände des Einzelfalls regelmäßig von einer Erheblichkeitsschwelle von 5% des Kaufpreises auszugehen.

2. Ausschluss des Rücktrittsrechts nach § 323 Abs. 6

Käufer verantwortlich

Nach § 323 Abs. 6 Alt. 1 ist der Rücktritt ausgeschlossen, wenn der Käufer für den Umstand, der ihn zum Rücktritt berechtigt, allein oder weit überwiegend verantwortlich ist.

Beispiel: Die mangelhafte Leistung des Käufers beruht darauf, dass der Käufer die von ihm geschuldete Information falsch erteilt hat.

3. Ausschluss des Rücktrittsrechts bei Mengenabweichungen, § 323 Abs. 5 S. 1 oder S. 2

Liefert der Verkäufer eine zu geringe Menge, so liegt gemäß § 434 Abs. 3 ein Sachmangel vor. Ob diese Gleichstellung auch im Rahmen des § 323 Abs. 5 gilt, ist streitig.

Zuweniglieferung = Sachmangel?

- Teilweise wird die Zuweniglieferung auch im Rahmen des § 323 wie eine mangelhafte Lieferung behandelt. Danach ist der Rücktritt vom gesamten Vertrag ausgeschlossen, wenn die **Pflichtverletzung (Mengenabweichung)** unerheblich ist, § 323 Abs. 5 S. 2.

Rücktritt nur bei Interessenwegfall

- Andere gehen davon aus, dass bei einer Teilleistung ein Rücktritt vom gesamten Vertrag nur **bei Interessenwegfall** gerechtfertigt ist. Eine Teilleistung i.S.d. § 323 Abs. 5 S. 1 sei auch dann anzunehmen, wenn die Zuweniglieferung gemäß § 434 Abs. 3 als Mangel gelte. Dafür spricht, dass andernfalls die Regelung des § 323 Abs. 5 S. 1 für den häufigen Fall der Minderlieferung im Kaufrecht völlig entwertet würde. Es ist nicht gerechtfertigt, dass sich der Käufer bei jeder nicht unerheblichen Minderlieferung nach erfolglosem Fristablauf vom ganzen Vertrag lösen kann.

Hinweis: *In gleicher Weise ist umstritten, ob bei einer Zuweniglieferung des Verkäufers die Schadensersatzregelung für eine Teilleistung i.S.d. § 281 Abs. 1 S. 2 oder die Regelung über die Schlechtleistung des § 281 Abs. 1 S. 3 anzuwenden ist.*

3. Rücktrittserklärung

Der Rücktritt ist ein Gestaltungsrecht, er wird durch **einseitige Gestaltungserklärung, § 349**, des Käufers ausgeübt. Mit Zugang der Willenserklärung beim Verkäufer wird der Rücktritt wirksam (§ 130 Abs. 1 S. 1). Er wirkt ex nunc.

4. Rechtsfolgen des Rücktritts

Rückgewährschuldverhältnis

Die Rechtsfolgen des Rücktritts sind im Gesetz ausführlich in §§ 346, 347, 348 geregelt. Der Rücktritt führt zu einer Umwandlung des Kaufvertrags in ein Rückgewährschuldverhältnis. Sind die Leistungen noch nicht erbracht worden, so hat der Rücktritt das Erlöschen der Primärleistungspflichten zur Folge.

a) Pflicht zur Rückgewähr nach § 346 Abs. 1

Die empfangenen Leistungen sind in Natur zurückzugewähren, d.h. die mangelhafte Kaufsache ist zurückzuübertragen und der gezahlte Kaufpreis zurückzuzahlen. Außerdem sind die gezogenen Nutzungen herauszugeben. Nutzungen sind Früchte (§ 99) und Gebrauchsvorteile (§ 100).

b) Wertersatz, § 346 Abs. 2

Beim Rücktritt: Nutzungsersatz auch beim Verbrauchsgüterkauf

Soweit das Empfangene bzw. die Nutzungen nicht in Natur herausgegeben werden können, ist gemäß § 346 Abs. 2 **Wertersatz** zu leisten. Beim Rücktritt ist anders als bei der Nachlieferung auch beim **Verbrauchsgüterkauf Nutzungsersatz** zu leisten, denn **§ 474 Abs. 2 S. 1** betrifft nur den Verweis aus § 439 Abs. 4. Außerdem unterscheidet sich der **Nachlieferungsanspruch** vom Rücktritt dadurch, dass bei der Nachlieferung der Kaufvertrag erhalten bleibt, also die Gewinne beim Verkäufer verbleiben, während beim Rücktritt der gesamte Kaufvertrag rückabgewickelt wird.

- Gemäß § 346 Abs. 2 S. 1 Nr. 2 ist Wertersatz zu leisten, wenn der empfangene Gegenstand verbraucht, veräußert, belastet, verarbeitet oder umgestaltet wird.
- Nach § 346 Abs. 2 S. 1 Nr. 3 muss Wertersatz geleistet werden, wenn der empfangene Gegenstand sich verschlechtert hat oder untergegangen ist.

c) Ausschluss des Wertersatzes, § 346 Abs. 3

Haftungsprivilegierung des Käufers

§ 346 Abs. 3 enthält Vorschriften, nach denen der Wertersatzanspruch ausgeschlossen ist. Klausurrelevant ist dabei § 346 Abs. 3 S. 1 Nr. 3, wonach die Wertersatzpflicht entfällt, wenn bei einem gesetzlichen Rücktrittsrecht die Verschlechterung oder der Untergang trotz Einhaltung der **eigenüblichen Sorgfalt (§ 277)** beim Käufer eingetreten ist. Danach haftet der Käufer bei Beschädigung der Kaufsache nur bei grober Fahrlässigkeit. Die Vorschrift trägt dem Umstand Rechnung, dass der Käufer einer Sache grundsätzlich davon ausgehen kann, dass die Sache in seinem Eigentum verbleiben wird. Daher kann er mit der Sache so umgehen, wie er es mit seinen übrigen Sachen tut. Ob die Privilegierung auch dann eingreift, wenn der Käufer von dem Rücktrittsgrund Kenntnis hat bzw. hätte Kenntnis haben müssen, ist streitig.

- Dagegen spricht, dass derjenige, der den gesetzlichen Rücktrittsgrund kennt, dem vertraglich zum Rücktritt Berechtigten, für den die Privilegierung nicht eingreift, gleichsteht.
- Andererseits ist aber der Käufer, dem eine mangelhafte Sache übergeben worden ist, schutzwürdig. Trotz Kenntnis vom Rücktrittsrecht muss er abwägen, ob er tatsächlich den Rücktritt als Gewährleistungsrecht wählt oder ob er andere Rechte, wie z.B. nach wie vor Nachbesserung, Minderung oder Schadensersatz, geltend machen will. Außerdem kann er nicht ohne Weiteres auf den Gebrauch der mangelhaften Sache verzichten, da seine finanzielle Lage es oft nicht zulässt, sich vor der Rückabwicklung (Rückzahlung des Kaufpreises) mit einer neuen Sache einzudecken.

5. Unwirksamkeit des Rücktritts gemäß §§ 438 Abs. 4, 218

Unwirksamkeit von Rücktritt bzw. Minderung

Gemäß §§ 438 Abs. 4, 218 ist der Rücktritt unwirksam, wenn der Anspruch auf Nacherfüllung verjährt ist. Die in § 438 geregelten Verjährungsfristen werden wir im Zusammenhang mit der Verjährung der Mängelrechte ausführlich darstellen (s. S. 40 f.)

Rücktritt und Minderung sind Gestaltungsrechte

Von besonderer Bedeutung ist, dass Sie sich vor Augen halten, dass der **Rücktritt** selbst – ebenso wie die Minderung – **kein Anspruch** ist. Vielmehr entstehen Rückgewähransprüche (wie vorstehend dargestellt) erst durch die Erklärung, d.h. Ausübung des Rücktritts (bzw. Erklärung der Minderung). § 437 Nr. 2 verweist für den Rücktritt ins allgemeine Leistungsstörungsrecht. Wie aus § 349 hervorgeht, muss der Rücktritt erklärt werden. Es handelt sich also um ein **Gestaltungsrecht**.

Für die **Minderung** geht der Charakter als Gestaltungsrecht aus **§ 441 Abs. 1 S. 1** hervor: „... kann der Käufer den Kaufpreis durch Erklärung ... mindern". Die Minderung muss also ebenso wie der Rücktritt erklärt werden.

Gemäß § 194 Abs. 1 unterliegen nur Ansprüche der Verjährung. Gestaltungsrechte verjähren nicht. Dies hätte zur Folge, dass Rücktritt oder Minderung des Käufers (anders als die Nacherfüllung, §§ 437 Nr. 1, 439, und der Schadensersatz, §§ 437 Nr. 3, 280 ff., die als Ansprüche jeweils der Verjährung unterliegen) zeitlich unbegrenzt möglich wären. Deshalb hat der Gesetzgeber als Korrektiv die Norm des **§ 218 Abs. 1** geschaffen. § 218 Abs. 1 ist für das Rücktrittsrecht im Kaufrecht über die Verweisungsnorm des § 438 Abs. 4

S. 1 anwendbar. Für die Minderung wird § 218 Abs. 1 über § 438 Abs. 5 für entsprechend anwendbar erklärt.

Nach **§ 218 Abs. 1 S. 1** ist der **Rücktritt** des Käufers **unwirksam**, wenn der Nacherfüllungsanspruch verjährt ist und der Schuldner, d.h. der Verkäufer, sich hierauf beruft. Ist die Nacherfüllung unmöglich, und besteht nach § 275 Abs. 1 kein Nacherfüllungsanspruch, der verjähren kann bzw. wenn die Nacherfüllung nach §§ 439 Abs. 3 oder 275 Abs. 2, 3 verweigert werden kann, greift **§ 218 Abs. 1 S. 2** ein: In diesem Fall ist dann auf die hypothetische Verjährung des (fiktiven) Nacherfüllungsanspruchs abzustellen!

6. Die Minderung

Anstatt zurückzutreten, kann der Käufer auch den Kaufpreis mindern. Die Minderung ist wie der Rücktritt ein Gestaltungsrecht und wird durch einseitige Erklärung ausgeübt (§ 441 Abs. 1 S. 1). Für die Minderung müssen also die Voraussetzungen des Rücktrittsrechts vorliegen, vgl. § 441 Abs. 1 S. 1 „statt zurückzutreten". Mindert der Käufer nach §§ 437 Nr. 2 Alt. 2, 441 und hat er den vollen Kaufpreis bereits gezahlt, so ergibt sich aus §§ 346 Abs. 1, 441 Abs. 4, 437 Nr. 2 Alt. 2 ein **Rückzahlungsanspruch** in Höhe des zuviel gezahlten Kaufpreises.

Es ergibt sich für diesen Anspruch folgendes **Aufbauschema**:

Aufbauschema: Minderung

I. Voraussetzungen des Minderungsrechts

Voraussetzungen des Rücktrittsrechts (vgl. § 441 Abs. 1 S. 1: „Statt zurückzutreten")

Voraussetzungen des § 437 Nr. 2

1. Wirksamer Kaufvertrag, § 433
2. Die Kaufsache muss bei Gefahrübergang mit einem Sachmangel, § 434, oder bei Erwerb mit einem Rechtsmangel, § 435, behaftet sein
3. Erfolgloser Ablauf einer angemessenen Frist oder Entbehrlichkeit der Fristsetzung
   - §§ 441 Abs. 1 S. 1, 323 Abs. 2 oder § 440
   - §§ 441 Abs. 1 S. 1, 326 Abs. 5, Nacherfüllungsanspruch unmöglich

II. Kein Ausschluss

1. Beachte: § 323 Abs. 5 S. 2 gilt gemäß § 441 Abs. 1 S. 2 (Pflichtverletzung unerheblich) nicht
2. Kein Gewährleistungsausschluss durch Vertrag (Individualvereinbarung, AGB) oder Gesetz, §§ 442, 445, 323 Abs. 6, § 377 Abs. 2 HGB

III. Minderungserklärung, § 441 Abs. 1 S. 1

IV. Rechtsfolgen

V. Die Unwirksamkeit der Minderung, §§ 438 Abs. 5, 218 Abs. 1

Erläuterung des Aufbauschemas

Erläuterung des Aufbauschemas

Hinweis: *Im Folgenden soll auf die einzelnen Prüfpunkte genauer eingegangen werden. Hierbei werden* ***Besonderheiten*** *gegenüber dem Aufbauschema bei dem Nacherfüllungsanspruch bzw. beim Rückzahlungsanspruch nach erklärtem Rücktritt hervorgehoben. Ergeben sich demgegenüber keine Unterschiede, wird auf die Ausführungen dort verwiesen.*

Voraussetzungen des Rücktrittsrechts

a) Voraussetzungen des Rücktrittsrechts

Aus der Formulierung „Statt zurückzutreten ..." in § 441 Abs. 1 S. 1 folgt, dass für die Minderung die Voraussetzungen des Rücktrittsrechts vorliegen müssen.

b) Ausschlussgründe

Ausschlussgründe

Heben Sie sich den insoweit bestehenden wesentlichen Unterschied zum Rücktritt hervor: Nach § 441 Abs. 1 S. 2 gilt der Ausschlussgrund des § 323 Abs. 5 S. 2 bei der Minderung nicht, d.h. die Minderung ist auch bei nur unerheblicher Pflichtverletzung (Mangel) möglich!

c) Minderungserklärung

Minderungserklärung

Wie bereits dargestellt, muss nach § 441 Abs. 1 S. 1 die Minderung erklärt, d.h. das Minderungsrecht ausgeübt werden, es handelt sich somit um ein Gestaltungsrecht.

d) Rechtsfolgen der Minderung

Gemäß § 441 Abs. 3 ist der Kaufpreis in dem Verhältnis herabzusetzen, in welchem zur Zeit des Vertragsschlusses der Wert der Sache im mangelfreien Zustand zu dem wirklichen Wert gestanden haben würde.

$$\frac{\text{X}}{\text{vereinbarter Preis}} = \frac{\text{wirklicher Wert}}{\text{Wert ohne Mangel}}$$

Hat der Käufer schon den gesamten Kaufpreis bezahlt, steht ihm hinsichtlich des Mehrbetrags ein Rückforderungsanspruch nach §§ 441 Abs. 4, 346 zu.

e) Einwendung aus § 218 Abs. 1

Einwendung aus § 218 Abs. 1 (Unwirksamkeit der Minderung)

Ebenso wie der Rücktritt kann die Minderung gemäß § 218 Abs. 1 unwirksam sein. Für das Minderungsrecht verweist § 438 Abs. 5 auf § 218.

1. In welchem Verhältnis stehen Rücktritt und Minderung?

1. Rücktritt und Minderung stehen in einem Alternativverhältnis. Der Käufer kann also entweder den Rücktritt oder die Minderung erklären. Dies geht aus dem „oder" in § 437 Nr. 2 bzw. der Formulierung „statt zurückzutreten" in § 441 Abs. 1 S. 1 hervor.

2. Welche Rücktrittsgründe enthält § 323 Abs. 1?

2. Rücktritt bei Nichterbringen der fälligen Leistung (1. Alt.) und Rücktritt bei nicht vertragsgemäßer Leistung (2. Alt.), also bei Schlechtleistung.

3. Woraus kann sich ein Rücktrittsrecht bei Schlechtleistung ergeben?

3. Ist die Nacherfüllung noch möglich, so greift § 323 Abs. 1 S. 1 Alt. 2 unmittelbar ein. Ist die Nacherfüllung hingegen unmöglich, greift die Regelung des § 323 Abs. 1 S. 1 Alt. 2 über die Vorschrift des § 326 Abs. 5 als Rücktrittsgrund, wonach die Fristsetzung entbehrlich ist, da sie keinen Sinn macht.

4. Welche Auswirkungen hat der Rücktritt?

4. Die Erfüllungsansprüche erlöschen ex nunc (Befreiungswirkung). Sind die Leistungen bereits erbracht, so besteht ein Anspruch der Parteien nach § 346 Abs. 1 auf Rückgewähr der erbrachten Leistungen (Rückgewährschuldverhältnis).

5. In welchen Fällen ist die Fristsetzung entbehrlich?

5. Die Entbehrlichkeit der Fristsetzung kann sich aus §§ 326 Abs. 5, 323 Abs. 2, 440 und für den Unternehmerregress aus § 478 ergeben.

6. Welche besonderen Ausschlussgründe sind für den Rücktritt zu beachten?

6. § 323 Abs. 5 S. 1: Hiernach ist der Rücktritt ausgeschlossen, wenn die Pflichtverletzung (d.h. der Mangel) unerheblich ist.

§ 323 Abs. 6: Danach ist der Rücktritt ausgeschlossen, wenn der Käufer für den Umstand, der ihn zum Rücktritt berechtigt, allein oder weit überwiegend verantwortlich ist.

7. Ist beim Verbrauchsgüterkauf Nutzungsersatz für die Nutzung der mangelhaften Sache zu leisten?

7. Ja, denn § 474 Abs. 2 S. 1 verweist nur auf § 439 Abs. 4 und nicht auf das Rücktrittsrecht.

IV. Schadensersatzansprüche des Käufers

Die Regelung des **§ 437 Nr. 3** weist für die Schadensersatzansprüche des Käufers bei Lieferung einer mangelhaften Sache auf die Anspruchsgrundlagen des Allgemeinen Teils des Schuldrechts. Das sind

- § 311 a bei anfänglicher Unmöglichkeit
- §§ 280 Abs. 1 u. 3, 283 bei nachträglicher Unmöglichkeit
- §§ 280 Abs. 1 u. 3, 281 bei Nichtleistung nach Fristsetzung und
- § 280 Abs. 1.
- § 286 ist nicht aufgeführt. Allerdings verweist § 437 Nr. 3 auf § 280, dessen Abs. 2 wiederum auf § 286 verweist.

Wie im Allgemeinen Schuldrecht ist zwischen Schadensersatzansprüchen statt der Leistung und Schadensersatzansprüchen neben der Leistung zu unterscheiden. Schadensersatzansprüche statt der Leistung entschädigen den Käufer dafür, dass er endgültig keine mangelfreie Sache erhält, weil die Nacherfüllung unmöglich ist oder eine zur Nacherfüllung gesetzte Frist abgelaufen ist und der Käufer Schadensersatz statt der Leistung verlangt (§ 281 Abs. 4).

Schadensersatzansprüche neben der Leistung können neben einem (Nach-)Erfüllungsanspruch auf eine mangelfreie Leistung bestehen.

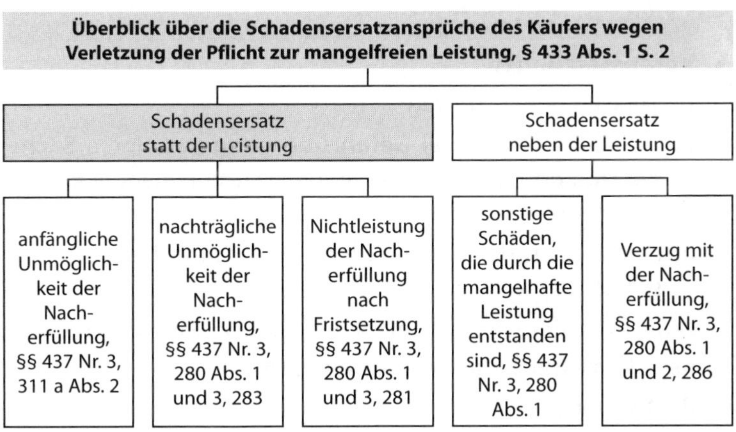

1. Schadensersatz statt der Leistung

Der Schadensersatzanspruch statt der Leistung entschädigt den Käufer dafür, dass er endgültig keine mangelfreie Leistung erhält. Der Anspruch tritt an die Stelle des (Nacherfüllungs-)Anspruchs auf die mangelfreie Leistung.

Bei einem Schadensersatzanspruch statt der Leistung hat der Käufer regelmäßig die Wahl zwischen zwei Berechnungsmethoden.

- Er kann die mangelhafte Sache behalten und den Ausgleich der Wertdifferenz zwischen dem tatsächlichen Wert der Sache und dem Wert der Sache in mangelfreiem Zustand verlangen (**kleiner Schadensersatzanspruch**).
- Der Käufer kann aber auch die mangelhafte Sache zurückgeben und Ersatz des gesamten Schadens verlangen, der durch die Nichtdurchführung des Vertrags entstanden ist (**großer Schadensersatzanspruch**, Anspruch auf Ersatz der gesamten Leistung). Der große Schadensersatzanspruch ist ausgeschlossen, wenn der Mangel unerheblich ist, § 281 Abs. 1 S. 3 (auf den in § 311 a Abs. 2 S. 3 und § 283 S. 2 verwiesen wird).

a) Anspruch aus §§ 437 Nr. 3, 311 a Abs. 2

Ein Anspruch aus §§ 437 Nr. 3, 311 a Abs. 2 kann sich ergeben, wenn schon bei Vertragsschluss feststeht, dass der Verkäufer nicht mangelfrei liefern und auch nicht nacherfüllen kann.

Schadensersatzanspruch aus §§ 437 Nr. 3, 311 a Abs. 2

A. Voraussetzungen

I. Wirksamer Kaufvertrag

II. Die Kaufsache ist bei **Gefahrübergang** mit einem **Sachmangel** oder bei Erwerb mit einem Rechtsmangel behaftet, §§ 434, 435.

III. Beide Arten der Nacherfüllung sind schon bei Vertragsschluss unmöglich.

IV. Der Verkäufer hat sich nicht entlastet, § 311 a Abs. 2 S. 2

B. Kein Ausschluss der Gewährleistung

C. Rechtsfolge

Schadensersatz statt der Leistung

§ 311 a Abs. 2 S. 3 verweist auf § 281 Abs. 1 S. 2 u. 3 und Abs. 5.

D. Verjährung, § 438

Wie alle Gewährleistungsansprüche setzt der Anspruch aus §§ 437 Nr. 3, 311 a voraus, dass ein wirksamer Kaufvertrag besteht und die Sache bei Gefahrübergang mit einem Mangel behaftet ist.

Die Nacherfüllung muss schon bei Vertragsschluss unmöglich gewesen sein. Nacherfüllung kann durch Mängelbeseitigung oder Nachlieferung erfolgen. Der Schadensersatzanspruch wegen anfänglicher Unmöglichkeit setzt voraus, dass beide Arten der Nacherfüllung schon bei Vertragsschluss unmöglich sind. Dies ist beispielsweise dann der Fall, wenn ein Unfallwagen als unfallfrei verkauft wird und die Nachlieferung nicht ausnahmsweise möglich ist. Das Gleiche gilt, wenn bei Vertragsschluss ein zu geringer Kilometerstand angegeben wird. Eine Mängelbeseitigung scheidet aus, weil man den Kilometerstand nicht nachträglich verringern kann und eine Nachlieferung bei Gebrauchtwagen regelmäßig unmöglich ist.

Gemäß § 311 a Abs. 2 S. 2 kann sich der Verkäufer entlasten, wenn er das Leistungshindernis bei Vertragsschluss nicht kannte und seine Unkenntnis auch nicht zu vertreten hatte. Dem Verkäufer wird nicht die Nichtvornahme der geschuldeten Leistung vorgeworfen, sondern dass er sich vor Eingehen der Verpflichtung nicht hinreichend über seine Leistungsfähigkeit informiert hat. Wird der Vertrag von einem Vertreter geschlossen, ist gemäß § 166 Abs. 1 grundsätzlich auf dessen Kenntnis oder grob fahrlässige Unkenntnis abzustellen.

Bei der Berechnung des Schadens hat der Käufer die Wahl zwischen dem kleinen Schadensersatzanspruch und dem Anspruch auf Schadensersatz statt der ganzen Leistung. Letzterer ist gemäß §§ 311 a Abs. 2 S. 3, 281 Abs. 1 S. 2 ausgeschlossen, wenn der Mangel unerheblich ist.

Eine Abgrenzung zum Schadensersatzanspruch neben der Leistung ist im Fall des Anspruchs aus §§ 437 Nr. 3, 311 a Abs. 2 entbehrlich. Ist die Leistung schon bei Vertragsschluss unmöglich, schließt § 275 Abs. 1 den Leistungsanspruch schon von Anfang an aus. Daher kann zu keiner Zeit ein Anspruch „neben der Leistung" bestehen.

b) Anspruch aus §§ 437 Nr. 3, 280 Abs. 1 u. 3, 283

Schadensersatzanspruch aus §§ 437 Nr. 3, 280 Abs. 1 u. 3, 283

A. Voraussetzungen

I. Wirksamer Kaufvertrag

II. Die Sache ist bei Gefahrübergang mit einem Sachmangel oder bei Erwerb mit einem Rechtsmangel behaftet, §§ 434, 435

III. Eintritt eines **Leistungshindernisses** bezüglich der Nacherfüllung gemäß § 275 Abs. 1–3 **nach Vertragsschluss**

IV. Vertretenmüssen, das gemäß § 280 Abs. 1 S. 2 vermutet wird

B. Kein Ausschluss der Gewährleistung

C. Rechtsfolgen

Der Käufer hat einen Anspruch auf Schadensersatz statt der Leistung.
Bei unerheblichen Mängeln gemäß §§ 283 S. 2, 281 Abs. 1 S. 3 kein Schadensersatz statt der ganzen Leistung

D. Die Verjährung des Schadensersatzanspruchs richtet sich nach § 438

Der Anspruch aus §§ 437 Nr. 3, 280 Abs. 1 u. 3, 283 setzt voraus, dass die mangelfreie Lieferung oder die Nacherfüllung nachträglich, d.h. nach Vertragsschluss, durch ein Leistungshindernis gemäß § 275 Abs. 1–3 ausgeschlossen wurde.

Ob das Leistungshindernis durch eine Handlung des Verkäufers verursacht wurde und ob dem Verkäufer diese Handlung subjektiv zuzurechnen ist, ist beides eine Frage des Vertretenmüssens und wird gemäß § 280 Abs. 1 S. 2 vermutet.

c) Anspruch aus §§ 437 Nr. 3, 280 Abs. 1 u. 3, 281

Prüfungsschema §§ 437 Nr. 3, 280 Abs. 1 und 3, 281
A. Voraussetzungen
I. Wirksamer Kaufvertrag zwischen Käufer und Verkäufer
II. Die Sache muss bei **Gefahrübergang** mit einem **Sachmangel**, § 434, oder bei **Erwerb** mit einem **Rechtsmangel**, § 435, behaftet sein.
III. Erfolgloser Ablauf einer angemessenen Frist oder deren Entbehrlichkeit (§ 440 S. 1, § 281 Abs. 2)
IV. Vertretenmüssen, das gemäß § 280 Abs. 1 S. 2 vermutet wird
B. Kein Ausschluss der Gewährleistung oder des Schadensersatzanspruchs
C. Rechtsfolgen
Der Käufer hat einen Anspruch auf **Schadensersatz statt der Leistung.**
D. Verjährung des Schadensersatzanspruchs, § 438

Wie jeder Gewährleistungsanspruch setzt auch der Schadensersatzanspruch aus §§ 437 Nr. 3, 280 Abs. 1 u. 3, 281 einen wirksamen **Kaufvertrag** und einen **Mangel** voraus.

Der Käufer muss dem Verkäufer eine **Frist zur Nacherfüllung** gesetzt haben **oder die Fristsetzung** muss **entbehrlich** gewesen sein. Die Entbehrlichkeit der Fristsetzung kann sich aus § 440 S. 1 oder auch § 281 Abs. 2 ergeben. Gemäß § 281 Abs. 2 ist die Fristsetzung entbehrlich

- bei ernsthafter und endgültiger Erfüllungsverweigerung
- und bei Vorliegen besonderer Umstände, die unter Abwägung der beiderseitigen Interessen die sofortige Geltendmachung des Schadensersatzanspruchs rechtfertigen (beispielsweise arglistige Täuschung des Verkäufers).

Eine Regelung über die Entbehrlichkeit der Fristsetzung bei Nichteinhaltung eines Termins wie in § 323 Abs. 2 Nr. 2 ist in § 281 Abs. 2 nicht getroffen.

Der Schadensersatzanspruch ist gemäß **§ 280 Abs. 1 S. 2** ausgeschlossen, wenn der Verkäufer die **Pflichtverletzung nicht zu vertreten** hat. Es ist Sache des Verkäufers darzulegen und im Streitfall zu beweisen, dass er die Pflichtverletzung nicht zu vertreten hat. Was genau die „Pflichtverletzung" ist, auf die sich das Vertretenmüssen bezieht ist umstritten. Die Pflichtverletzung kann in der Lieferung der mangelhaften Sache oder dem Unterbleiben der Nacherfüllung bei Fristablauf oder in dem Leistungsdefizit während des gesamten Zeitraums von der Lieferung bis zum Fristablauf liegen. Der Streit ist dogmatisch sehr interessant, hat aber keine praktische Bedeutung. Unstreitig ist nämlich, dass der Verkäufer sich nicht allein dadurch entlasten kann, dass er darlegt, er habe die mangelhafte Lieferung nicht zu vertreten. Streitig ist nur der unwahrscheinliche und daher praktisch unbedeutende Fall, in dem der Verkäufer darlegen kann, dass er das Unterlassen der Nacherfüllung nicht zu vertreten hat.

Rechtsfolge ist, dass der Käufer **Schadensersatz statt der Leistung** verlangen kann. Der Käufer hat grundsätzlich die Wahl zwischen dem kleinen Schadenersatzanspruch und dem Schadensersatz statt der ganzen Leistung. Letzterer kann gemäß § 281 Abs. 1 S. 3 nicht verlangt werden, wenn der Mangel unerheblich ist.

Die Abgrenzung zwischen dem Schadenersatz statt der Leistung und dem Schadensersatz neben der Leistung (Verzögerungsschäden, sonstige Schäden) ist bei dem Anspruch aus §§ 437 Nr. 3, 280 Abs. 1 u. 3, 281 umstritten. Die h.M. vertritt eine inhaltliche Abgrenzung der Schadensarten. Zum Schadensersatz statt der Leistung gehören die Schäden, die an die Stelle der Leistung treten und die Leistung damit funktional ersetzen. Ersetzt wird das Erfüllungsinteresse. Dieses ist verletzt, wenn eine Nacherfüllung den eingetretenen Schaden beseitigt hätte.

Beispiel: K kauft bei V Stühle, die mangelhaft sind. Da V nach Ansicht des K nicht schnell genug nachliefern kann, kauft K gleichartige Stühle bei D. Verlangt K die Kosten des Deckungskaufs, macht er Schadensersatz statt der Leistung geltend, denn die von D gelieferten Stühle treten an die Stelle der Leistung des V und ersetzen sie funktional. Eine Nacherfüllung durch V hätte den Schadenseintritt verhindert, denn bei einer Nachlieferung durch V hätte K keine Stühle bei D kaufen müssen. (Um sicher zu gehen, dass er die Kosten des Deckungskaufs verlangen kann, hätte K dem V eine Frist zur Nacherfüllung setzen müssen.)

Weitere Beispiele für Schadensersatz statt der Leistung: der mangelbedingte Minderwert der Kaufsache; die Kosten der Mängelbeseitigung; entgangener Gewinn aus einem gescheiterten Weiterverkauf.

2. Schadensersatz neben der Leistung

Schadensersatz neben der Leistung

Schadensersatz **neben** der Leistung **erfasst die Schäden, die auch bei ordnungsgemäßer Nacherfüllung im spätest möglichen Zeitpunkt bestehen bleiben**, sodass eine **Fristsetzung nicht sinnvoll** ist.

Beim Schadensersatz neben der Leistung lassen sich **zwei Fallgruppen** unterscheiden:

a) §§ 437 Nr. 3, 280 Abs. 1, 286

Verzögerungsschaden

Einen Sonderfall des Schadensersatzes neben der Leistung bildet der **Ersatz des Verzögerungsschadens** nach **§§ 437 Nr. 3, 280 Abs. 1, Abs. 2, 286**, den der Käufer verlangen kann, wenn der Verkäufer mit der Nacherfüllung im Verzug ist.

Prüfungsschema für den Anspruch auf Ersatz des Verzögerungsschadens aus §§ 437 Nr. 3, 280 Abs. 1 und 2, 286

A. Voraussetzungen

- **I.** Wirksamer Kaufvertrag zwischen Käufer und Verkäufer
- **II.** Die Sache ist bei **Gefahrübergang** mit einem **Sachmangel**, § 434, oder bei **Erwerb** mit einem **Rechtsmangel**, § 435, behaftet.
- **III.** Der Verkäufer ist mit der **Nacherfüllung im Verzug**.
  1. **Fälliger (durchsetzbarer) Anspruch** auf Nacherfüllung
  2. **Mahnung oder deren Entbehrlichkeit**
  3. **Nichtleistung** des Verkäufers
  4. Kein Verzug, wenn der Verkäufer die Nichtleistung der Nacherfüllung **nicht zu vertreten hat,** § 286 Abs. 4

B. Kein Ausschluss der Gewährleistung

C. Rechtsfolge
Der Käufer erhält den durch den Verzug mit dem Nacherfüllungsanspruch entstandenen Schaden ersetzt.

D. Verjährung des Schadensersatzanspruchs, § 438

Beispiel: Rechtsverfolgungskosten, die dem Käufer durch die gerichtliche Geltendmachung des Nacherfüllungsanspruchs entstehen.

Hinweis: *Zwar verweist § 437 Nr. 3 nicht ausdrücklich auf § 286. Allerdings verweist § 437 Nr. 3 auf § 280, dessen Abs. 2 wiederum auf § 286 verweist. § 286 ist daher bei Verzug mit der Nacherfüllung anwendbar!*

Unterscheide: *Führt eine Schlechtleistung bereits zu Schäden wegen fehlender Verwendungsmöglichkeit der gelieferten Sache (z.B. Betriebsausfallschaden), ist nach ganz h.M.* ***§§ 437 Nr. 3, 280 Abs. 1*** *einschlägig. Hingegen werden mit §§ 437 Nr. 3, 280 Abs. 1, Abs. 2, 286 nur weitergehende Schäden infolge des Verzugs mit der Nacherfüllungspflicht aus § 439 Abs. 1 erfasst.*

b) §§ 437 Nr. 3, 280 Abs. 1

Schäden, die nicht unter den Schadenersatz statt der Leistung fallen und die keine Verzögerungsschäden sind, können mit dem Anspruch aus **§§ 437 Nr. 3, 280 Abs. 1** ersetzt werden.

Beispiele für den einfachen Schadensersatz neben der Leistung: Körperschäden, Eigentumsverletzungen sowie sonstige Vermögensnachteile, wie Nutzungsausfall.

Prüfungsschema für den Schadensersatzanspruch neben der Leistung, §§ 437 Nr. 3, 280 Abs. 1

A. Voraussetzungen

- **I.** Wirksamer Kaufvertrag
- **II.** Die Sache ist bei **Gefahrübergang** mit einem **Sachmangel**, § 434, oder bei Erwerb mit einem Rechtsmangel, § 435, behaftet.
- **III.** Der Verkäufer hat sich bezüglich der Lieferung der mangelhaften Sache nicht entlastet, **§ 280 Abs. 1 S. 2**.

B. Kein Ausschluss der Gewährleistung

C. Rechtsfolge: Ersatz des Schadens, der durch die mangelhafte Lieferung entstanden ist und weder Schadensersatz statt der Leistung noch Verzögerungsschaden ist.

D. Verjährung des Schadensersatzanspruchs, § 438

Bei diesem Anspruch ist die Pflichtverletzung allein die Lieferung einer mangelhaften Sache. Der Verkäufer kann sich gemäß § 280 Abs. 1 S. 2 entlasten, wenn er darlegt und im Streitfall beweist, dass er die mangelhafte Lieferung nicht zu vertreten hat. Der Verkäufer muss gemäß § 278 für das schuldhafte Fehlverhalten seiner Erfüllungsgehilfen einstehen. Der Hersteller der Sache ist jedoch kein Erfüllungsgehilfe des Verkäufers. Er wird nicht im Pflichtenkreis des Verkäufers tätig, denn dieser ist nur zur Lieferung und nicht zur Herstellung der Sache verpflichtet.

V. Aufwendungsersatz gemäß §§ 437 Nr. 3, 284

Der Anspruch auf Aufwendungsersatz kann anstelle jedes Schadensersatzanspruchs statt der Leistung treten. Vergebliche Aufwendungen sind freiwillige Vermögensopfer, die der Gläubiger im Vertrauen auf den Erhalt der Leistung erbracht hat, die sich aber wegen der mangelhaften Leistung des Schuldners als nutzlos erweisen, beispielsweise Kosten für die Übergabe, Versendung, Beurkundung, Zölle, Fracht oder Montagekosten.

Prüfungsschema für den Ersatz vergeblicher Aufwendungen

A. Voraussetzungen

- **I. Bestehen eines Schadensersatzanspruchs statt der Leistung**
- **II. Vergebliche Aufwendungen**, die der Käufer im Vertrauen auf den Erhalt der Leistung gemacht hat und billigerweise machen durfte
- **III. Kein Ausschluss** des Aufwendungsersatzanspruchs (§ 284, letzter Hs.)

B. Rechtsfolgen

- **I.** „Anstelle" des Schadensersatzanspruchs statt der Leistung kann Ersatz der vergeblichen Aufwendungen verlangt werden.
- **II.** Anspruchskürzung bei Nutzung der Sache

Aufwendungen des Käufers auf die gekaufte Sache sind regelmäßig vergeblich, wenn der Käufer die Kaufsache wegen der Mangelhaftigkeit zurückgibt oder sie jedenfalls nicht bestimmungsgemäß nutzen kann und deshalb auch die Aufwendungen nutzlos sind.

Gemäß § 284 ist Aufwendungsersatz allein eine Alternative zum Schadensersatz statt der Leistung und nicht zum Schadensersatz schlechthin. Der Geschädigte soll wegen ein und demselben Vermögensnachteil nicht sowohl Schadensersatz statt der Leistung als auch Aufwendungsersatz und damit doppelte Kompensation verlangen können.

VI. Verhältnis der Gewährleistungsrechte zu den allgemeinen Regeln

1. Verhältnis zu den Anfechtungsregeln

a) § 119 Abs. 2

Gemäß § 119 Abs. 2 ist der Irrtum über eine verkehrswesentliche Eigenschaft ein Anfechtungsgrund. Der Käufer, der eine mangelhafte Sache erhält, hat regelmäßig keine Kenntnis von dem Mangel und befindet sich damit im Irrtum über den Mangel. Eine uneingeschränkte Anwendung des § 119 Abs. 2 würde bei dem Vorliegen eines Mangels in aller Regel eine Anfechtung ermöglichen. Damit würden die Sonderregeln des Gewährleistungsrechts, insbesondere die Verjährung in § 438 aber auch das Erfordernis der Fristsetzung vor einem Rücktritt (§§ 437 Nr. 2, 323) unterlaufen.

§ 119 Abs. 2 ist daher neben dem Gewährleistungsrecht unanwendbar. Da allerdings das Gewährleistungsrecht erst ab Gefahrübergang eingreift, ist vor diesem Zeitpunkt eine Anfechtung gemäß § 119 Abs. 2 möglich.

b) § 119 Abs. 1

Bei einer Anfechtung gemäß § 119 Abs. 1 wegen eines Inhalts- oder Erklärungsirrtums bestehen keine Konkurrenzprobleme zum Gewährleistungsrecht. § 119 Abs. 1 ist uneingeschränkt anwendbar.

c) § 123 Abs. 1

Das Gewährleistungsrecht schließt eine Anfechtung gemäß § 123 nicht aus. Bei einer arglistigen Täuschung des Verkäufers über einen Mangel hat der Käufer das Wahlrecht, ob er Gewährleistungsrechte geltend macht oder die Anfechtung gemäß § 123 erklärt.

2. Verhältnis zu den allgemeinen Regeln der Leistungsstörung

Soweit ein Mangel vorliegt, sind die allgemeinen Regeln der Leistungsstörung neben den Gewährleistungsansprüchen des Kaufrechts grundsätzlich nicht anwendbar.

Die allgemeinen Regeln der Leistungsstörung sind dagegen anwendbar, soweit das Gewährleistungsrecht (noch) nicht eingreift, beispielsweise vor Gefahrübergang oder wenn der Verkäufer falsche Angaben über Umstände macht, die keinen Mangel begründen.

Nach h.M. ist bei Arglist des Verkäufers ausnahmsweise der aus dem allgemeinen Leistungsstörungsrecht stammende Anspruch aus §§ 311 Abs. 2, 241 Abs. 2, 280 Abs. 1 wegen einer vorvertraglichen Pflichtverletzung neben dem Gewährleistungsrecht anwendbar. Der arglistig handelnde Verkäufer ist nicht schutzwürdig.

3. Verhältnis zu § 313

Die Regeln über die Störung der Geschäftsgrundlage sind neben dem Gewährleistungsrecht unanwendbar. Wenn ein Mangel vorliegt, ist § 313 ausgeschlossen.

4. Verhältnis zu § 823 Abs. 1

Werden durch die mangelhafte Kaufsache Rechtsgüter i.S.d. **§ 823** verletzt, so besteht zwischen den Ansprüchen aus § 437 Nr. 3 und § 823 Abs. 1 **echte Anspruchskonkurrenz**. Allein die Lieferung einer mangelhaften Sache ist noch keine Eigentumsverletzung, denn der Käufer erwirbt von vornherein nur Eigentum an der mangelhaften Sache.

Anders ist es, wenn sich die Mangelhaftigkeit der gekauften Sache nur auf einen Teilbereich beschränkt, der Mangel sich dann aber nach dem Erwerb der Sache auf weitere Teile ausdehnt, wenn also ein „weiterfressender Mangel" vorliegt.[3]

- Deckt sich der Schaden mit dem Unwert, den die Sache wegen ihrer Mangelhaftigkeit von Anfang an hatte **(Stoffgleichheit)**, ist der Schaden ausschließlich nach Vertragsrecht abzuwickeln, da nur das **Äquivalenzinteresse** betroffen ist.

3 AS-Skript Schuldrecht BT 4 (2015), Rn. 28 ff.

- Verursacht der Mangel einen Schaden an der Sache, der mit dem wegen des Mangels schon bei Lieferung vorhandenen Unwert **nicht stoffgleich** ist, ist auch das **Integritätsinteresse** betroffen, das gemäß § 823 Abs. 1 geschützt ist.

C. Verjährung der Mängelansprüche

§ 438 regelt die Verjährung der in **§ 437 Nr. 1 u. 3** genannten **Ansprüche** auf Nacherfüllung, Schadensersatz oder Ersatz der vergeblichen Aufwendungen.

Rücktritt und Minderung sind keine Ansprüche. Für das Rücktrittsrecht und das Minderungsrecht wird in § 438 Abs. 4 und Abs. 5 auf § 218 verwiesen. Danach ist der Rücktritt oder die Minderung unwirksam, wenn der Anspruch auf Nacherfüllung verjährt ist.

I. Dauer der Verjährung (§ 438 Abs. 1)

Die Verjährungsfrist im Kaufrecht beträgt nach **§ 438 Abs. 1 Nr. 3 grundsätzlich zwei Jahre**. Ausnahmsweise kann sich eine Frist von **30 Jahren (Nr. 1)** oder von **fünf Jahren (Nr. 2)** ergeben.

1. Nach § 438 Abs. 1 Nr. 1 a) verjähren in 30 Jahren Ansprüche wegen eines Mangels, der im dinglichen Recht eines Dritten, aufgrund dessen Herausgabe der Kaufsache verlangt werden kann, besteht.

Typische dingliche Rechte in diesem Sinne sind **Pfandrechte** und das **Nießbrauchsrecht**, soweit sie zum Besitz gegenüber dem Käufer berechtigen.

2. Ebenfalls in 30 Jahren verjähren Ansprüche wegen eines Mangels, der darauf beruht, dass ein sonstiges Recht im Grundbuch eingetragen ist, § 438 Abs. 1 Nr. 1 b).

3. Gewährleistungsansprüche des Käufers **bei einem Bauwerk** verjähren gemäß § 438 Abs. 1 Nr. 2 a) in fünf Jahren. Mit dieser Vorschrift wird ein verjährungsrechtlicher Gleichklang zwischen der kaufrechtlichen und der werkvertraglichen Verjährung für Mängelansprüche bei Bauwerken herbeigeführt. Es wird nicht danach differenziert, ob das Bauwerk alt oder neu ist.

4. Nach § 438 Abs. 1 Nr. 2 b) beträgt die Verjährung beim Kauf von **mangelhaftem Baumaterial** ebenfalls fünf Jahre. Die Vorschrift dient dem Schutz der Bauhandwerker. Diese haften gegenüber dem Besteller gemäß § 634 a Abs. 1 Nr. 2 für Mängel fünf Jahre. Würde für sie beim Kauf von Baumaterial die kaufrechtliche Regelverjährungsfrist des § 438 Abs. 1 Nr. 3 von zwei Jahren gelten, so würde eine Gewährleistungslücke entstehen, da sie fünf Jahre in Anspruch genommen werden, selbst aber nur zwei Jahre Regress nehmen könnten.

5. Gemäß § 438 Abs. 3 S. 1 verjähren beim arglistigen Verschweigen des Mangels Gewährleistungsansprüche abweichend von Abs. 1 Nr. 2 (fünf Jahre) und Abs. 1 Nr. 3 (zwei Jahre) in der **regelmäßigen Verjährungsfrist** des § 195 (drei Jahre). Anders als die regelmäßige kaufrechtliche Verjährungsfrist, die gemäß § 438 Abs. 2 mit der Ablieferung der Sache beginnt, beginnt die regelmäßige Verjährungsfrist gemäß § 199 am Schluss des Jahres, in dem der Anspruch entstanden ist und der Gläubiger von den den Anspruch begründenden Umständen und der Person des Schuldners Kenntnis erlangt oder ohne grobe Fahrlässigkeit erlangen müsste.

Dies könnte dazu führen, dass die lange Frist des § 438 Abs. 1 Nr. 2 (fünf Jahre) verkürzt wird. Um dies zu verhindern, regelt § 438 Abs. 3 S. 2, dass der Ablauf der regelmäßigen Verjährungsfrist nicht vor dem Ablauf der Frist des § 438 Abs. 1 Nr. 2 eintritt.

II. Beginn der Verjährung (§ 438 Abs. 2)

Beginn der Verjährung, § 438 Abs. 2

Die Verjährung beginnt bei Grundstücken mit der Übergabe, im Übrigen (d.h. insbesondere bei beweglichen Kaufsachen) mit der Ablieferung der Sache.

- Die Übergabe eines Grundstücks liegt vor, wenn der unmittelbare Besitz (§ 854 Abs. 1) einverständlich vom Verkäufer auf den Käufer übertragen wird.[4]
- Eine Ablieferung setzt voraus, dass der Verkäufer in Erfüllung des Kaufvertrags die Sache dem Käufer so überlassen hat, dass dieser sie untersuchen kann.

Die Begründung eines Besitzmittlungsverhältnisses genügt ebenso wenig wie die Abtretung eines Herausgabeanspruchs. Erforderlich ist, dass der Käufer die tatsächliche Sachherrschaft erlangt.

4 Palandt/Weidenkaff § 438 Rn. 14.

Check: Schadens- und Aufwendungsersatz

1. Welche Schäden werden vom Schadensersatzanspruch neben der Leistung erfasst?

1. Schadensersatz neben der Leistung erfasst alle Schäden, die auch bei ordnungsgemäßer Nacherfüllung im spätesten Zeitpunkt bestehen bleiben, sodass eine Fristsetzung nicht sinnvoll ist.

2. Was unterscheidet Schäden von Aufwendungen?

2. Schäden sind unfreiwillige Vermögensopfer, während Aufwendungen freiwillige Vermögensopfer sind.

3. Was ist der Bezugspunkt des Vertretenmüssens beim Schadensersatzanspruch aus §§ 437 Nr. 3, 280 Abs. 1, Abs. 3, 281?

3. Dies ist streitig. Es kommen zwei Pflichtverletzungen in Betracht, nämlich die Lieferung der mangelhaften Sache (1. Pflichtverletzung) sowie das Unterlassen der Nacherfüllung (2. Pflichtverletzung). Zum Teil wird darauf abgestellt, ob der Verkäufer entweder den Mangel oder die Nichtvornahme der Nacherfüllung im Rahmen der Nacherfüllungsfrist zu vertreten hat. Nach der wohl h.M. kommt es allein auf die Nichtvornahme der Nacherfüllung im Rahmen der Nacherfüllungsfrist an, da der Tatbestand der Pflichtverletzung, die den Anspruch aus § 281 begründet, erst mit Fristablauf vollendet ist.

4. Wie ist das Verhältnis der Gewährleistungsregeln zu §§ 823 ff.?

4. Entsteht durch die mangelhafte Sache ein Schaden an anderen Rechtsgütern des Käufers, ist eindeutig eine Eigentumsverletzung gegeben. Es besteht Anspruchskonkurrenz zwischen Ansprüchen aus § 437 Nr. 3 und § 823 Abs. 1.

Allein die Lieferung einer mangelhaften Sache ist keine Eigentumsverletzung, denn der Käufer erwirbt von vornherein nur Eigentum an der mangelhaften Sache.

Ist nur ein Teil der Kaufsache mangelhaft und frisst sich dieser Mangel an der Kaufsache fort, so ist nach h.M. darauf abzustellen, ob der geltend gemachte Schaden stoffgleich mit dem der Sache von Anfang an anhaftenden Mangelunwert ist.

5. Welche Besonderheiten bestehen beim Ausschluss von Schadensersatzansprüchen im Vergleich zu anderen Gewährleistungsrechten?

5. Beim Verbrauchsgüterkauf ist nach § 475 Abs. 3 eine rechtsgeschäftliche Beschränkung oder ein rechtsgeschäftlicher Ausschluss möglich. Beim Ausschluss durch AGB ist § 309 Nr. 7 a) u. b) zu beachten.

3. Abschnitt: Gefahrübergang

Das Kaufrecht enthält in § 446 S. 1, 446 S. 3 und 447 Abs. 1 Regeln über den Gefahrübergang. Für den Verbrauchsgüterkauf wird § 447 Abs. 1 durch § 474 Abs. 4 modifiziert.

A. Gefahrübergang gemäß § 446 S. 1

Nach den allgemeinen Regeln trägt der Schuldner die Gefahr bis zur Erfüllung des Anspruchs. Danach würde der Verkäufer die Gefahr tragen, bis er dem Käufer in Erfüllung des Anspruchs aus § 433 Abs. 1 Eigentum und Besitz an einer mangelfreien Kaufsache verschafft hat. § 446 S. 1 verlagert den Gefahrübergang vor. Die Gefahr des zufälligen Untergangs und der zufälligen Verschlechterung geht schon mit der Übergabe auf den Käufer über. Mit der Übergabe erlangt der Käufer die tatsächliche Einwirkungsmöglichkeit auf die Sache. Es ist daher gerechtfertigt, dass er auch die Gefahr für den zufälligen Untergang oder die zufällige Verschlechterung trägt.

Gemäß § 446 S. 1 geht nur die Gefahr des **zufälligen** Untergangs oder der **zufälligen** Verschlechterung über und bezieht sich damit nur auf Umstände, die weder der Verkäufer noch der Käufer zu vertreten hat. Ist der Untergang vom Verkäufer zu vertreten, wird der Käufer gemäß § 326 Abs. 1 S. 1 von der Pflicht zu Zahlung des Kaufpreises frei. Hat dagegen der Käufer den Untergang zu vertreten, bleibt er gemäß § 326 Abs. 2 S. 1 Alt. 1 zur Gegenleistung verpflichtet.

B. Gefahrübergang gemäß § 446 S. 3

§ 446 S. 3 hat nur einen sehr eingeschränkten Anwendungsbereich. Für die **Leistungsgefahr** gilt § 446 S. 3 nicht, da diese bei Annahmeverzug gemäß § 300 Abs. 2 übergeht.

Der Übergang der **Preisgefahr** bei Untergang der Sache während des Annahmeverzugs ist in § 326 Abs. 2 S. 1. Alt. 2 geregelt.

§ 446 S. 3 greift dagegen ein, wenn sich die Sache während des Annahmeverzugs des Käufers **verschlechtert**.

C. Gefahrübergang gemäß § 447 Abs. 1

Versendet der Verkäufer auf Verlangen des Käufers die Sache an einen anderen Ort als den Erfüllungsort, geht grundsätzlich die Preisgefahr auf den Käufer über.

Aufbauschema zu § 447 Abs. 1
I. Anwendbarkeit: Bei einem **Verbrauchsgüterkauf** gilt § 447 Abs. 1 gemäß **§ 474 Abs. 4** nur unter engen Voraussetzungen.
II. Voraussetzungen
1. Versendung an einen **anderen Ort** als den **Erfüllungsort**
2. Die Versendung muss **auf Verlangen des Käufers** erfolgen.
3. Auslieferung der Sache durch den Verkäufer an die **Transportperson**
III. Rechtsfolge: Mit Auslieferung der Sache an die Transportperson geht die Gefahr auf den Käufer über.
1. Es geht nur die Gefahr des **zufälligen** (also von keiner Partei zu vertretenden) Untergangs oder der Verschlechterung über.
2. Außerdem muss sich eine **typische Transportgefahr** realisieren.

I. Anwendbarkeit

Bei einem Verbrauchsgüterkauf ist es grundsätzlich nicht gerechtfertigt, die mit dem Transport verbundenen Risiken auf den Käufer übergehen zu lassen. Gemäß § 474 Abs. 4 ist § 447 Abs. 1 aber ausnahmsweise dann anwendbar, wenn der Käufer selbst den Versender beauftragt und der Unternehmer diesen nicht zuvor benannt hat.

II. Voraussetzungen

1. Versendung an einen anderen Ort als den Erfüllungsort

Mit dem „Erfüllungsort" ist nicht der Ort gemeint, an dem die Erfüllung gemäß § 362 Abs. 1 eintritt (dies ist der Erfolgsort), sondern der Ort, an dem der Verkäufer die zur Erfüllung erforderliche Leistungshandlung vorzunehmen hat (Leistungsort, § 269). Bei der Holschuld holt der Käufer die Sache am Leistungort ab. Bei der Bringschuld ist der Leistungsort der Wohn- oder Geschäftssitz des Käufers. Eine Versendung an einen anderen Ort als den Erfüllungsort kommt nur bei einer Schickschuld in Betracht

2. Auf Verlangen des Käufers

Die Versendung muss auf Verlangen des Käufers erfolgen. Dabei ist der Begriff des Verlangens weit auszulegen. Mit diesem Erfordernis soll verhindert werden, dass der Verkäufer den Gefahrübergang nicht dadurch herbeiführen kann, dass er entgegen einer Vereinbarung mit dem Käufer die Sache versendet. Bei Distanzgeschäften ist regelmäßig die Versendung konkludent vereinbart.

3. Auslieferung der Sache an eine Transportperson

Der Verkäufer muss die Sache an eine Transportperson ausliefern. Als solche sind im Gesetz der Spediteur (§§ 454 ff. HGB) und der Frachtführer (§§ 407 ff. HGB) oder auch eine sonst zur Ausführung der Versendung bestimmte Person genannt.

Nach ganz h.M. fallen darunter auch der Transport durch die Mitarbeiter des Verkäufers oder durch den Verkäufer selbst. Beim Versendungskauf schuldet der Verkäufer den Transport nicht und ist deswegen auch nicht mit Transportrisiken zu belasten, wenn er den Transport selbst oder durch Angestellte durchführen lässt.

4. Rechtsfolge: Gefahrübergang

Nach § 447 Abs. 1 geht nur die Gefahr des zufälligen Untergangs oder der zufälligen Verschlechterung über. § 447 Abs. 1 greift daher nicht ein, wenn der Verkäufer oder einer seiner Erfüllungsgehilfen die Leistungsstörung zu vertreten hat. Da der Verkäufer nicht den Transport schuldet, ist die Transportperson nicht Erfüllungsgehilfe des Verkäufers. Nur beim Selbsttransport muss der Verkäufer für eigenes Verschulden und beim Transport durch eigene Mitarbeiter für deren Verschulden gemäß § 278 einstehen.

4. Abschnitt: Garantieübernahme, § 443

Eine Garantie ist eine vertragliche Vereinbarung, durch die die Rechte des Käufers wegen Mängeln an der Kaufsache im Vergleich zu den gesetzlichen Regeln verstärkt werden.

A. Arten der Garantien

Bei den Garantien wird üblicherweise nach der Person des Garantiegebers zwischen **Hersteller- und Verkäufergarantien**, nach dem Inhalt der Garantieerklärung zwischen **Beschaffenheits- und Haltbarkeitsgarantien** und nach der Abhängigkeit von gesetzlichen Mängelrechten zwischen **selbstständigen** und **unselbstständigen** Garantien differenziert.

I. Beschaffenheits- und Haltbarkeitsgarantie

- Für die **Haltbarkeitsgarantie** enthält **§ 443 Abs. 1** eine **Legaldefinition**. Sie ist „eine Garantie dafür, dass die Sache für eine bestimmte Dauer eine bestimmte Beschaffenheit behält". Die Beschaffenheitsgarantie kann zu einer verschuldensunabhängigen Haftung auf Schadensersatz aus § 276 führen oder dem Käufer andere Rechte erweitern oder einräumen. Gemäß § 443 Abs. 2 wird bei der Haltbarkeitsgarantie vermutet, dass der Sachmangel bereits bei Gefahrübergang vorlag.
- Eine **Beschaffenheitsgarantie** bezieht sich auf eine bestimmte Beschaffenheit der Sache im Zeitpunkt des Gefahrübergangs. Eine Beschaffenheitsgarantie des Verkäufers setzt voraus, dass er in vertragsgemäß bindender Weise die Gewähr für die vereinbarte Beschaffenheit übernimmt und zu erkennen gibt, dass er für die Folgen des Fehlens einstehen will.

II. Selbstständige und unselbstständige Garantien

Üblicherweise wird zwischen **selbstständigen** und **unselbstständigen Garantien** differenziert

- Die unselbstständigen Garantien modifizieren die berechtigte Gewährleistung zugunsten des Käufers. Es handelt sich um eine Erweiterung der gesetzlichen Gewährleistungsansprüche.
- Die selbstständigen Garantien schaffen hingegen eine eigene Haftung außerhalb der kaufrechtlichen Gewährleistung. Es kommt ein vom Kaufvertrag zu unterscheidender Garantievertrag zustande.

III. Verkäufer-/Herstellergarantien

- **Herstellergarantie bzw. Garantie eines Dritten**

  Die Garantie eines Herstellers oder eines Dritten kann nur eine selbstständige Garantie sein, da ihn – jedenfalls, wenn er nicht zugleich auch der Verkäufer ist – keine unmittelbaren Gewährleistungsansprüche gemäß §§ 437 ff. treffen. Unabhängig davon, ob er lediglich für die Sachmangelfreiheit im Zeitpunkt des Gefahrübergangs einstehen will, einen zusätzlichen Erfolg verspricht oder die Haltbarkeit garantiert, handelt es sich bei der Herstellergarantie stets um eine selbstständige Garantie.

- **Verkäufergarantien**

Der Verkäufer haftet demgegenüber unmittelbar nach §§ 437 ff. für Sachmängel. Ob er eine selbstständige oder unselbstständige Garantie übernehmen will, muss daher durch Auslegung ermittelt werden. Dabei ist davon auszugehen, dass die Begründung **einer neuen vertraglichen Verpflichtung nur ausnahmsweise gewollt sein** wird. Im Zweifel ist davon auszugehen, dass eine unselbstständige Garantie (Modifizierung der Gewährleistungsvorschriften) vorliegt. Nur wenn sich die Garantie auf Umstände bezieht, die über die Mangelfreiheit hinausreichen, neben der vertraglichen Erfüllung also ein zusätzlicher Erfolg geschuldet wird, handelt es sich bei der Verkäufergarantie um eine selbstständige Garantie.

Beispiel: Beim Verkauf einer Wohnung verspricht der Verkäufer, dass der Käufer diese für 15 €/qm vermieten kann.

B. Verjährung bei der Garantie

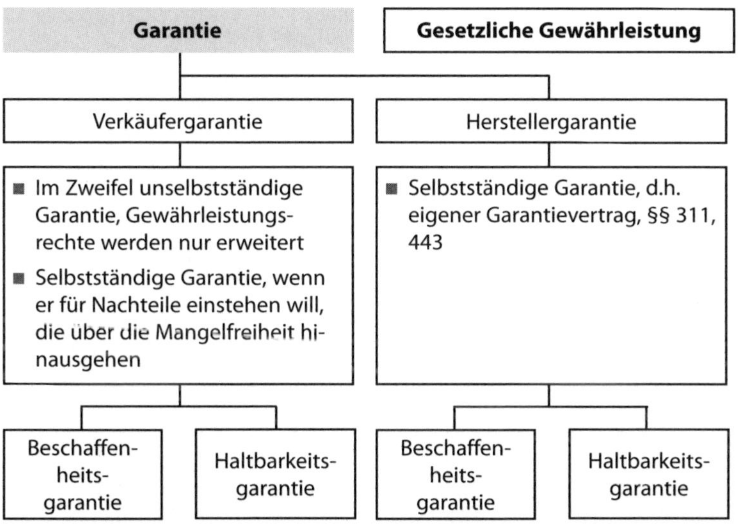

Der Gesetzgeber hat keine Entscheidung darüber getroffen, wann die Ansprüche aus einer Garantie verjähren und welche Auswirkung die Garantiefrist auf die Verjährungsfrist hat.

- **Verjährungsfrist**

Streitig ist, welcher Verjährungsfrist der Anspruch aus der Garantie unterliegt, ob bei der Verjährung die Gewährleistungsvorschriften nach § 438 eingreifen oder ob generell die Regelverjährung aus § 195 gilt. Für die Regelverjährung spricht, dass es sich bei dem Anspruch aus der Garantie nicht um einen Gewährleistungsanspruch, sondern um einen selbstständigen Anspruch bzw. die Modifikation eines Gewährleistungsanspruchs handelt. Vertretbar dürfte aber auch eine analoge Anwendung des § 438 sein.

- Auswirkungen der Garantiefrist auf den **Beginn der Verjährungsfrist**

  Streitig ist, welche Auswirkung eine Garantie auf den Beginn der Verjährungsfrist hat. Der Gesetzgeber tendierte dahin, den Beginn der Verjährung nicht zu verschieben, sondern auch bei der Übernahme einer Garantie die Verjährungsfrist mit Ablieferung der Sache (§ 438 Abs. 2) beginnen zu lassen, während in der Lit. teilweise davon ausgegangen wird – unabhängig davon, ob sich die Verjährung nach § 195 oder § 438 richtet – erst mit Auftreten des Garantiefalls also mit Entdeckung des Mangels beginnen zu lassen.

1. Was sind die Gründe dafür, dass im Verhältnis zu § 119 Abs. 2 das Gewährleistungsrecht als abschließende Sonderregel angesehen wird, wenn die Gewährleistungsregeln tatbestandsmäßig eingreifen?	**1.** Die Verjährungsfrist des Gewährleistungsanspruchs beträgt grundsätzlich zwei Jahre, § 438, während der Käufer zehn Jahre anfechten kann, § 121. Das Recht des Verkäufers zur zweiten Andienung würde unterlaufen, denn das Anfechtungsrecht stünde dem Käufer sofort zu, ohne dass er dem Verkäufer zuvor eine Frist zur Mangelbeseitigung gesetzt haben müsste.
2. Wie ist das Verhältnis der Gewährleistungsansprüche zu den allgemeinen Regeln der Leistungsstörung?	**2.** Soweit ein Mangel bei Gefahrübergang vorliegt, sind die allgemeinen Regeln der Leistungsstörung neben den Gewährleistungsansprüchen des Käufers nicht anwendbar. Nach h.M. ist aber bei einer arglistigen Täuschung des Verkäufers der Anspruch aus §§ 311 Abs. 2, 241 Abs. 2, 280 Abs. 1 wegen einer vorvertraglichen Pflichtverletzung neben dem Gewährleistungsrecht anwendbar, da der arglistig handelnde Verkäufer nicht schutzwürdig ist.
3. Wie ist das Verhältnis der Gewährleistungsvorschriften zu § 823 Abs. 1?	**3.** Zwischen den Gewährleistungsregeln und § 823 Abs. 1 besteht Anspruchskonkurrenz. Allein die Lieferung einer mangelhaften Sache ist aber keine Eigentumsverletzung. Beim weiterfressenden Mangel liegt eine Eigentumsverletzung des Teils der Sache vor, der bei Lieferung nicht mangelhaft war.
4. Wann verjähren die Mängelrechte des Käufers im Regelfall?	**4.** Die Verjährungsfrist im Kaufrecht beträgt nach § 438 Abs. 1 Nr. 3 grundsätzlich zwei Jahre. Ausnahmsweise kann sich eine Frist von 30 Jahren (Nr. 1) bzw. von fünf Jahren (Nr. 2) ergeben.
5. Welche Arten von Garantien kann man unterscheiden?	**5.** Man kann unterscheiden nach der Person des Garantiegebers, zwischen Hersteller- und Verkäufergarantie, nach dem Inhalt der Garantieerklärung zwischen Beschaffenheits- und Haltbarkeitsgarantie und zwischen selbstständigen und unselbstständigen Garantien.
6. Welche Verjährungsfrist gilt bei der Garantie?	**6.** Dies ist streitig. Für die Regelverjährung § 195 spricht, dass es sich bei dem Anspruch aus der Garantie nicht um einen Gewährleistungsanspruch, sondern um einen selbstständigen Anspruch bzw. die Modifikation eines Gewährleistungsanspruchs handelt. Vertretbar ist aber auch die analoge Anwendung des § 438.

5. Abschnitt: Besonderheiten des Verbrauchsgüterkaufs (§§ 474 ff.)

Mit der Regelung des Verbrauchsgüterkaufs hat der Gesetzgeber **Sondervorschriften** geschaffen, durch die beim Verkauf einer beweglichen Sache von einem Unternehmer an einen Verbraucher die sonst im Kaufrecht geltenden allgemeinen Regelungen **zugunsten des Verbrauchers modifiziert** werden. Umgesetzt wurde damit die europäische Verbrauchsgüterkaufrichtlinie (RL 1999/44/EG). Der Gesetzgeber hat sich auf wenige Sondervorschriften beschränkt, da weite Teile der Richtlinie bereits durch die sonstigen Regelungen des Kaufrechts umgesetzt wurden.

A. Voraussetzungen des Verbrauchsgüterkaufs

§ 474 Abs. 1 enthält eine Legaldefinition des Verbrauchsgüterkaufs. Ein Verbrauchsgüterkauf liegt vor, wenn ein Verbraucher als Käufer von einem Unternehmer als Verkäufer eine bewegliche Sache kauft.

Eine Ausnahme vom Anwendungsbereich sieht **§ 474 Abs. 1 S. 2** vor für den Kauf einer **gebrauchten Sache** in einer **öffentlichen Versteigerung** (§ 383 Abs. 3), an **der der Verbraucher persönlich** teilnehmen kann.

B. Rechtsfolgen des Verbrauchsgüterkaufs

Liegt ein Verbrauchsgüterkauf vor, sind folgende besonderen Vorschriften zu beachten:

- Sonderregeln in § 474
  - Fälligkeitsregelung, § 474 Abs. 3
  - Gefahrübergang beim Versendungskauf, § 474 Abs. 4
  - Kein Nutzungsersatz bei Ersatzlieferung, § 474 Abs. 5 S. 1
  - Haftungsbegrenzung bei öffentlicher Versteigerung, § 474 Abs. 5 S. 2
- Besonderheiten der Gewährleistung
  - Aus- und Einbauverpflichtung des Verkäufers aufgrund richtlinienkonformer Auslegung des § 439 Abs. 1
  - § 475 Abs. 1 S. 1: Keine vertragliche Beschränkung der Gewährleistung vor Mitteilung eines Mangels / keine Abweichung von den §§ 474 bis 479

  - Verbot von Umgehungsgeschäften, § 475 Abs. 1 S. 2
  - Verkürzbarkeit der Verjährung eingeschränkt, § 475 Abs. 2
  - Beweislastumkehr, § 476
- Transparenzgebot bei Garantien, § 477
- Unternehmerregress, §§ 478, 479

I. Sonderregeln in § 474

1. Fälligkeitsregelung, § 474 Abs. 3

Nach der allgemeinen Regelung des § 271 ist die Leistung **sofort** zu bewirken, wenn die Leistungszeit weder bestimmt noch den Umständen zu entnehmen ist. Dies widerspricht der Richtlinie 2011/83 EU, die in Art. 18 Abs. 1 eine Lieferung des Unternehmers „**unverzüglich**, jedoch nicht später als dreißig Tage nach Vertragsschluss" verlangt. § 474 Abs. 3 passt das deutsche Recht den Erfordernissen der Richtlinie an.

2. Gefahrübergang beim Versendungskauf

Beim Verbrauchgüterkauf ist gemäß **§ 474 Abs. 4** die Vorschrift des **§ 447 Abs. 1 nur dann** anzuwenden, wenn der Käufer die Versandperson beauftragt und der Unternehmer diese Person nicht vorher benannt hat. Der Anwendungsbereich des § 447 Abs. 1 ist damit beim Verbrauchsgüterkauf minimal (praktisch gleich Null).

3. Kein Nutzungsersatz bei Ersatzlieferung

Liefert der Verkäufer im Rahmen der Nacherfüllung eine neue Sache, muss der Käufer gemäß § 439 Abs. 4 i.V.m. §§ 346 ff. die mangelhafte Sache dem Verkäufer zurückgewähren. Gemäß § 346 Abs. 2 S. 1 Nr. 1 muss der Käufer grundsätzlich auch Wertersatz für die zwischenzeitliche Nutzung der Sache leisten. § 474 Abs. 5 S. 1 schließt die Wertersatzpflicht beim Verbrauchsgüterkauf aus.

4. Einschränkungen der Haftungsbegrenzung bei öffentlicher Versteigerung

Nach § 474 Abs. 5 S. 2 sind beim Verbrauchsgüterkauf die in §§ 445 und 447 Abs. 2 enthaltenen Haftungsbegrenzungen bei öffentlichen Versteigerungen nicht anwendbar.

II. Besonderheiten der Gewährleistung, §§ 475, 476

1. Verkäufer schuldet Aus- und Einbau

Wird eine mangelhafte Sache vom Verbraucher eingebaut, so hat er gegen den Unternehmer einen Anspruch auf Ausbau und Abtransport der mangelhaften Sache sowie auf Einbau einer fehlerfreien Sache (**richtlinienkonforme Auslegung des § 439 Abs. 1**). Wenn der Unternehmer dies wegen unverhältnismäßig hoher Kosten, § 439 Abs. 3, verweigert, so kann der Käufer die Erstattung eines angemessenen Betrags verlangen. Bei der Berechnung der angemessenen Kostenbeteiligung sind der Wert der Sache in mangelfreiem Zustand und die Bedeutung des Mangels zu berücksichtigen

2. Unzulässigkeit abweichender Vereinbarungen

Nach **§ 475 Abs. 1 S. 1 Alt. 1** kann sich der Unternehmer nicht auf vertragliche **Einschränkungen von Gewährleistungsrechten** (§§ 433 bis 435, 437, 439 bis 443) berufen, soweit diese vor Mitteilung des Mangels an ihn erfolgt sind. Einschränkungen nach Mitteilung des Mangels an den Unternehmer sind uneingeschränkt möglich, damit die Parteien über die Folgen eines Mangels einen Vergleich schließen können.

Gemäß **§ 475 Abs. 1 S. 1 Alt. 2** kann sich der Verkäufer nicht auf eine vor Mitteilung eines Mangels getroffene Vereinbarung berufen, die zum Nachteil des Verbrauchers **„von den Vorschriften dieses Untertitels"** (d.h. von den §§ 475 bis 479) abweicht.

3. Verjährung

Beim Verbrauchsgüterkauf schließt § 475 Abs. 2 aus, dass die Verjährung der Mängelrechte des Verbrauchers in Bezug auf neue Sachen unter zwei Jahre verkürzt wird. Die Verjährungsfrist bei beweglichen Sachen betrifft ohnehin nur zwei Jahre, § 438 Abs. 1 Nr. 3, sodass die Regelung des § 475 Abs. 2 bei neuen Sachen nur in Ausnahmefällen (z.B. § 438 Nr. 2 b) von Bedeutung ist. Bei **gebrauchten Sachen** ist eine Verkürzung der Verjährung auf ein Jahr zulässig.

Zu beachten ist, dass eine solche Erleichterung (Verkürzung) nicht nur im Falle der ausdrücklichen Verkürzung der Frist gegeben ist, sondern auch dann vorliegt, wenn der Verjährungsbeginn vorverlegt wird, indem in der rechtsgeschäftlichen Vereinbarung nicht auf die Abliefe-

rung (vgl. § 438 Abs. 2), sondern auf einen früheren Umstand (z.B. den Vertragsschluss) abgestellt wird. Aus diesem Grunde legt § 475 Abs. 2 fest, dass die nicht zu unterschreitende Frist (von zwei Jahren bzw. einem Jahr) ab dem gesetzlichen Verjährungsbeginn zu berechnen ist.

Wird eine Vereinbarung unter Verstoß gegen § 475 Abs. 1 getroffen, ist diese unwirksam. Der Kaufvertrag im Übrigen ist wirksam und es gilt die gesetzliche Verjährung.

Aus § 475 Abs. 3 ergibt sich, dass für Schadensersatzansprüche die rechtsgeschäftliche Vereinbarung des Ausschlusses bzw. der zeitlichen Begrenzung zulässig ist. Aus der Formulierung „unbeschadet der §§ 307–309" in § 475 Abs. 3 folgt jedoch, dass eine solche Vereinbarung der Inhaltskontrolle der Allgemeinen Geschäftsbedingungen unterliegt.

4. Beweislastumkehr, § 476

Gemäß § 476 wird beim Verbrauchsgüterkauf die Beweislast zugunsten des Verbrauchers umgekehrt. Zeigt sich innerhalb der ersten sechs Monate seit Gefahrübergang ein **Sachmangel**, wird vermutet, dass die Sache bereits bei Gefahrübergang mangelhaft war. Die Vermutung greift nicht ein, wenn sie mit der Art der Sache oder der Art des Mangels unvereinbar ist.

Prüfungsschema für § 476

- Verbrauchsgüterkauf
- Sachmangel, der sich innerhalb von sechs Monaten seit Gefahrübergang zeigt
- Vermutung nicht unvereinbar mit der Art der Sache oder des Mangels
- Keine Widerlegung der Vermutung
- Rechtsfolge: Vermutung, dass die Sache bei Gefahrübergang mangelhaft war

a) Wichtigste Voraussetzung ist, dass sich innerhalb von sechs Monaten seit Gefahrübergang ein Sachmangel zeigt. Nach heute h.M. greift die Vermutung des § 476 auch dann ein, wenn sich innerhalb von sechs Monaten ab Gefahrübergang ein weiterer Mangel oder ein Folgeschaden zeigt und unklar ist, ob dieser auf einem Mangel bei Gefahrübergang beruht. § 476 setzt lediglich voraus, dass sich **ein Sachmangel** zeigt. Dieser muss nicht mit dem Mangel identisch sein, dessen Vorliegen bei Gefahrübergang vermutet wird.

Der EuGH hat entschieden, dass nach der Richtlinie über den Verbrauchsgüterkauf der Verbraucher weder den Grund für die Vertragswidrigkeit noch den Umstand beweisen muss, dass dessen Ursprung dem Verkäufer zuzurechnen ist.

Beispiel: V verkauft dem K einen Gebrauchtwagen. Zwei Monate nach Gefahrübergang fängt das Fahrzeug Feuer und brennt komplett ab. Es ist ungeklärt, ob der Brand auf einem Mangel oder auf einer anderen Ursache beruht.

Innerhalb von sechs Monaten ist das Auto abgebrannt, es hat sich damit ein Mangel gezeigt. Gemäß § 476 kann nicht vermutet werden, dass das Fahrzeug diesen Mangel (Zerstörung durch Brand) schon bei Gefahrübergang hatte, denn eine solche Vermutung wäre offensichtlich widerlegt. Zumindest aufgrund einer richtlinienkonformen Auslegung des § 476 kann aber vermutet werden, dass das verkaufte Auto bei Gefahrübergang einen (anderen) Mangel hatte, der zu dem Brand geführt hat.

b) Die Vermutung des § 476 greift nicht ein, wenn sie mit der Art der Sache oder der Art des Mangels unvereinbar ist.

Der Ausschluss der Vermutung wegen Unvereinbarkeit mit der Art der Sache kommt vor allem bei gebrauchten Sachen in Betracht. § 476 ist nicht bei allen gebrauchten Sachen ausgeschlossen, aber insbesondere dann, wenn typische Verschleißmängel vorliegen, die sich im Rahmen dessen halten, was für gebrauchte Sachen gewöhnlich ist.

III. Transparenzgebot bei Garantien, § 477

§ 477 Abs. 1 regelt die **inhaltlichen und formellen Anforderungen** an eine vom Hersteller, Verkäufer oder Dritten gegebene Garantie i.S.d. § 443. Nach **§ 477 Abs. 2** kann der Verbraucher verlangen, dass ihm die Garantie in Textform (vgl. § 126 b) mitgeteilt wird.

Folgen eines Verstoßes gegen die Anforderungen des § 477 Abs. 1 u. 2

§ 477 Abs. 3 stellt klar, dass trotz eines Verstoßes gegen die Anforderungen des § 477 Abs. 1 und 2 die **Garantieerklärung wirksam** ist.

Hinweis: *Die Folge einer unklaren Fassung der Garantie kann jedoch die Anwendung der Unklarheitsregel (§ 305 c Abs. 2) oder ein Verstoß gegen das Transparenzgebot (§ 307 Abs. 1 S. 2) sein.*

Als **Folge eines Verstoßes gegen die Pflichten aus Abs. 1 und Abs. 2** kann der Käufer jedoch bei (nach § 280 Abs. 1 S. 2 allerdings zu vermutendem) Verschulden des Unternehmers/Verkäufers einen **Schadensersatzanspruch gemäß §§ 280 Abs. 1, 241 Abs. 2,**

ggf. i.V.m. § 311 Abs. 2 (Verletzung einer Schutz- und Aufklärungspflicht) geltend machen, der ausnahmsweise (nämlich dann, wenn die fehlerhafte Unterrichtung für den Vertragsabschluss ursächlich war) auch auf die Aufhebung des Vertrages gerichtet sein kann (§ 249 Abs. 1).

Hinweis: *Im Übrigen kann ein Verstoß gegen § 477 zu Unterlassungsansprüchen aus § 5 UWG (irreführende Werbung) bzw. zu Unterlassungs- und Schadensersatzansprüchen von Mitbewerbern aus der Generalklausel des § 3 UWG führen sowie einen Unterlassungsanspruch gemäß § 2 UKlaG begründen.*

IV. Rückgriff des Unternehmers nach §§ 478, 479

Unternehmerrückgriff nach §§ 478, 479

Im systematischen Kontext zu den Verbraucherschutzvorschriften der §§ 474 ff. steht der **Unternehmerrückgriff (§§ 478, 479)**:

Sinn und Zweck der Regelungen der §§ 478, 479

Zweck der Regelungen der §§ 478, 479

- Der Unternehmer soll einen Ausgleich dafür erhalten, dass er sich (wegen § 475) gegenüber dem Verbraucher seiner Haftung (in seiner Rolle als Verkäufer) wegen eines Mangels nicht durch vertraglichen Ausschluss entziehen kann.
- Dies wird dadurch erreicht, dass **zum einen** der Regress des Unternehmers (in seiner Rolle als Käufer) gegen seinen Verkäufer, den sogenannten Lieferanten, erleichtert wird **(vgl. § 478 Abs. 1)** und **zum anderen** der Unternehmer einen eigenen Aufwendungsersatzanspruch gegen den Lieferanten erhält **(vgl. § 478 Abs. 2)**.

V. Regelung des § 478 Abs. 1

Regelung des § 478 Abs. 1

§ 478 Abs. 1 ist keine eigene Anspruchsgrundlage

§ 478 Abs. 1 stellt keine eigene Anspruchsgrundlage dar, gewährt also keinen selbstständigen Rückgriffsanspruch, modifiziert aber die Mängelrechte des Unternehmers (in seiner Rolle als Käufer) gegenüber dem Lieferanten aus § 437 zugunsten des Unternehmers.

Drei Erleichterungen

Insoweit sind **drei Erleichterungen** zu nennen:

Vorherige Fristsetzung entbehrlich, § 478 Abs. 1

1. Entbehrlichkeit der vorherigen erfolglosen Fristsetzung zur Nacherfüllung, § 478 Abs. 1

Sinn und Zweck der Regelung: Weil für den Unternehmer als Wiederverkäufer die Nacherfüllung in der Regel nicht von Interesse ist, ist insoweit die ansonsten (nach § 323 Abs. 1 bzw. § 441 Abs. 1 S. 1 oder § 281 Abs. 1) erforderliche Fristsetzung entbehrlich.

Beweislastumkehr, §§ 478 Abs. 1, Abs. 3, 476

2. Beweislastumkehr im Hinblick auf das Vorliegen des Mangels zur Zeit des Gefahrübergangs auf den Unternehmer, §§ 478 Abs. 1, Abs. 3, 476

Sinn und Zweck der Regelung: Die Anwendung der Vermutung des § 476 (mit der in § 478 Abs. 3 genannten Maßgabe) ist deshalb sachlich gerechtfertigt, weil (wie sich aus dem Erfordernis „neu hergestellte Sache" in § 478 Abs. 1 ergibt) der Unternehmer die Sache selbst bis zur Weiterveräußerung an den Verbraucher nicht benutzt haben darf. Daher ist, wenn sich der Mangel innerhalb von sechs Monaten nach Gefahrübergang (in der Regel Übergabe der Sache, § 446) **auf den Verbraucher** zeigt (der die Sache als Erster benutzt), die Vermutung sachgerecht, dass der Mangel bereits beim Gefahrübergang **auf den Unternehmer** vorlag.

Ablaufhemmung, § 479 Abs. 2

3. Ablaufhemmung, § 479 Abs. 2

Sinn und Zweck der Regelung: Durch die Regelung einer Ablaufhemmung für die Verjährung in § 479 Abs. 2 soll verhindert werden, dass die Mängelansprüche des Unternehmers (in seiner Rolle als Käufer) gegen den Lieferanten bereits (gemäß § 438 Abs. 1; Beginn gemäß § 438 Abs. 2 mit Ablieferung der Sache **an den Unternehmer**) verjährt sind, wenn der Unternehmer seinerseits vom Verbraucher auf Gewährleistung in Anspruch genommen wird – es soll also eine sogenannte **„Regressfalle" verhindert** werden. Gemäß § 479 Abs. 2 **S. 1** endet wegen der dort vorgesehenen Ablaufhemmung die Verjährung (der Gewährleistungsansprüche des Unternehmers gegen den Lieferanten aus § 437) frühestens zwei Monate nach der Erfüllung der Mängelansprüche des Verbrauchers durch den Unternehmer. Allerdings muss natürlich auch der Lieferant vor einer „Endloshaftung" geschützt werden, weshalb § 479 Abs. 2 **S. 2** für die Ablaufhemmung ein absolutes Ende nach Ablauf von fünf Jahren seit Ablieferung der Sache an den Unternehmer vorsieht.

Regelung des § 478 Abs. 2

VI. Regelung des § 478 Abs. 2

§ 478 Abs. 2 ist eine eigene Anspruchsgrundlage

§ 478 Abs. 2 regelt eine eigene Anspruchsgrundlage, einen echten selbstständigen Rückgriffsanspruch gegen den Lieferanten auf Aufwendungsersatz.

Auch für diesen Rückgriffsanspruch (der also kein Mangelrecht des Unternehmers in seiner Rolle als Käufer gegen den Lieferanten aus § 437 darstellt) gelten für den Unternehmer günstige Regelungen:

1. Bzgl. der gemäß § 478 Abs. 2 a.E. erforderlichen Voraussetzung des Vorliegens des Mangels zur Zeit des Gefahrübergangs auf den Unternehmer gilt gemäß § 478 Abs. 3 auch hier die Vermutung des § 476 (mit der in § 478 Abs. 3 genannten, oben bereits dargestellten Maßgabe).

Geltung der Vermutung des § 476 gemäß § 478 Abs. 3

2. Bzgl. der Verjährung des Anspruchs aus § 478 Abs. 2 wurde mit § 479 Abs. 1 eine besondere Regelung getroffen, da § 438 insoweit nicht anwendbar ist. Es handelt sich ja nicht um ein Mangelrecht des Unternehmers gegen den Lieferanten, sondern um einen selbstständigen Rückgriffsanspruch – weshalb ohne die besondere Regelung des § 479 Abs. 1 die §§ 195, 199 Anwendung finden würden! Insoweit gilt eine 2-Jahres-Frist ab Ablieferung der Sache an den Unternehmer. Auch hier gilt jedoch die Ablaufhemmung gemäß § 479 Abs. 2, d.h. der Unternehmer hat nach der kostenträchtigen Erfüllung des Nacherfüllungsanspruchs des Verbrauchers (§§ 437 Nr. 1, 439) zwei Monate Zeit, den Rückgriffsanspruch geltend zu machen – gegebenenfalls die Verjährung des Anspruchs (z.B. durch Klageerhebung gemäß § 204) zu hemmen.

Besondere Verjährungsregelung des § 479 Abs. 1

Geltung der Ablaufhemmung des § 479 Abs. 2

3. Sowohl im Fall der §§ 438 Abs. 1, 437 als auch bei dem Aufwendungsersatzanspruch nach § 438 Abs. 2 ist eine vor Mitteilung des Mangels vereinbarte vertragliche Erleichterung (= Verkürzung) der Verjährung bzw. eine vertragliche Haftungsbeschränkung gemäß § 478 Abs. 4 S. 1 unwirksam, „wenn dem Rückgriffsgläubiger kein gleichwertiger Ausgleich eingeräumt wird" (als Beispiel für einen „gleichwertigen Ausgleich" ist etwa zu nennen: Preisermäßigung im Rahmen pauschaler Abrechnung, weitreichender Stundung oder durch Rabatte). Dies gilt allerdings gemäß § 478 Abs. 4 S. 2 – vorbehaltlich einer AGB-Prüfung nach § 307 – nicht für Schadensersatzansprüche!

Beschränkte Abdingbarkeit, § 478 Abs. 4

1. Welche Besonderheiten bestehen beim Verbrauchsgüterkauf bezüglich der Gewährleistung?	**2.** Beim Verbrauchsgüterkauf umfasst der Nachlieferungsanspruch gegebenenfalls auch den Ausbau der mangelhaften und den Einbau der nachgelieferten Sache. Weiterhin gelten die in § 475 aufgeführten Regeln für abweichende Vereinbarungen und die Beweislastumkehr des § 476.
2. Worauf erstreckt sich die Vermutung des § 476?	**3.** Nach der früheren Rspr. betrifft sie nur den Zeitpunkt, in dem der Mangel vorgelegen hat. Dass ein Sachmangel vorliegt, muss hingegen der Verbraucher beweisen. Demgegenüber geht die h.M. davon aus, dass für den Käufer der Nachweis der gegenwärtigen Mangelhaftigkeit der Kaufsache ausreicht. Dies folgt schon aus dem Wortlaut des § 476. Danach werde nämlich bei Auftreten **eines** Sachmangels vermutet, dass die Sache bereits im Zeitpunkt des Gefahrübergangs mangelhaft war.
3. Welche Folgen hat es, wenn bei der Garantieerklärung gegen die Anforderungen des § 477 verstoßen wird?	**3.** § 477 Abs. 3 stellt klar, dass trotz eines Verstoßes gegen die Anforderungen des § 477 Abs. 1 u. 2 die Garantieerklärung wirksam ist. Bei Verschulden des Unternehmers, bei Verstoß gegen die Pflichten aus Abs. 1 u. 2, kann der Verbraucher Schadensersatz gemäß §§ 280 Abs. 1, 241 Abs. 2 ggf. i.V.m. § 311 Abs. 2 verlangen, wenn die fehlerhafte Unterrichtung ursächlich für den Vertragsabschluss war.
4. Inwieweit werden die Mängelrechte des Unternehmers beim Unternehmerrückgriff (§§ 478, 479) modifiziert?	**4.** Gemäß § 478 Abs. 1 ist eine vorherige erfolglose Fristsetzung zur Nacherfüllung entbehrlich. Die Beweislastumkehr gilt im Hinblick auf das Vorliegen des Mangels zur Zeit des Gefahrübergangs auf den Unternehmer, §§ 478 Abs. 1, Abs. 3, 476. § 479 Abs. 2 enthält eine Ablaufhemmung für die Verjährung.

2. Teil: Werkvertragsrecht

1. Abschnitt: Der Werkvertrag

A. Zustandekommen

I. Inhalt der Einigung

Die Parteien müssen sich darüber einigen (§§ 145 ff.), dass der Unternehmer zur Herstellung des Werkes und der Besteller zur Entrichtung einer Vergütung verpflichtet ist, vgl. **§ 631**.

1. Werk als Leistungsgegenstand

Prägendes Merkmal des Werkvertrags ist die Pflicht des Unternehmers, für einen **bestimmten Erfolg** einzustehen. Dies kann sein:

- Herstellung einer unbeweglichen Sache (Bau eines Hauses)
- Reparaturarbeiten an beweglichen und unbeweglichen Sachen
- Geistige Tätigkeit (Anfertigung eines schriftlichen Gutachtens oder eines Manuskriptes für einen Film)
- Als Werk kann auch ein sogenannter unkörperlicher Arbeitserfolg geschuldet sein, wie die Durchführung eines Konzertes oder eines Fußballspiels.
- Erstellung von Individualsoftware

Im Rahmen einer Klausur ist nicht selten zunächst einmal (kurz) zu erörtern, dass es sich um einen Werkvertrag handelt, um etwa zu begründen, dass nicht das kaufrechtliche, sondern das werkvertragliche Gewährleistungsrecht Anwendung findet. Dabei kommt es auf die **Abgrenzung zu anderen** ebenfalls in Betracht kommenden **Vertragstypen** an.

- Mit dem **Dienstvertrag** i.S.d. § 611 hat der Werkvertrag gemein, dass beide Verträge eine entgeltliche Arbeitsleistung zum Gegenstand haben. Der wesentliche Unterschied besteht jedoch darin, dass beim Dienstvertrag nur das **vertragsgemäße Bemühen um den Erfolg geschuldet** wird, während beim Werkvertrag der Unternehmer den Erfolg selbst schuldet.
- Der **Auftragsvertrag** (§ 662) hat mit dem Werkvertrag den Charakter als Tätigkeitsvertrag gemein, unterscheidet sich allerdings von ihm durch die **Unentgeltlichkeit** der Leistung.

- Haben sich die Parteien über die **Lieferung** einer herzustellenden oder zu erzeugenden **beweglichen Sache** geeinigt, wie z.B. der Herstellung einer Maschine, so liegt ein **Werklieferungsvertrag i.S.d. § 651** vor, auf den die Vorschriften über den Kauf Anwendung finden. Nur wenn es sich um eine nicht vertretbare Sache (Legaldefinition für vertretbare Sache in § 91) handelt, finden bestimmte werkvertragliche Regeln Anwendung, auf die § 651 S. 3 verweist.

  Die Herstellung einer **unbeweglichen Sache** unterfällt dem **Werkvertragsrecht**, während bei der Herstellung einer beweglichen Sache grundsätzlich Kaufrecht Anwendung findet. Wegen § 651 unterfallen nur noch wenige Verträge dem Werkvertragsrecht.

2. Werklohn

Beim Abschluss eines Werkvertrags treffen die Parteien in der Regel auch eine **Vereinbarung über die Vergütung**. Anders als beim Kaufvertrag gehört die Vereinbarung einer Vergütung aber nicht zu den wesentlichen Vertragsbestandteilen (essentialia negotii) des Werkvertrags. Gemäß **§ 632 Abs. 1** gilt die Vergütung nämlich als **stillschweigend vereinbart**, wenn die Herstellung des Werkes nach den gesamten Umständen nur gegen eine Vergütung zu erwarten ist.

Beispiel: Die Reparatur eines Pkw ist nur gegen eine Vergütung zu erwarten, sodass der Werkvertrag zustande kommt, ohne dass man sich über die Vergütung einigt.

II. Wirksamkeit der Einigung

Die Wirksamkeit des Werkvertrags beurteilt sich nach den allgemeinen, für alle Verträge geltenden Regelungen. Dabei sind aber vor allem die folgenden **Nichtigkeitsgründe** zu beachten.

1. Formverstoß, § 125

Grundsätzlich ist der Werkvertrag **formfrei**. Ausnahmsweise ist die Form des § 311 b Abs. 1 S. 1 (notarielle Beurkundung, § 128) zu beachten, wenn der Werkvertrag mit einem Kaufvertrag über ein Grundstück eine rechtliche Einheit bildet. Dies ist der Fall, wenn die Vereinbarungen nach dem Willen der Parteien nicht für sich alleine gelten, sondern miteinander „stehen und fallen" sollen.

Beispiel: Vertrag über den Verkauf und die Bebauung eines Grundstücks.

2. Verstoß gegen ein Verbotsgesetz, § 134

Große Bedeutung – in der Praxis und auch in Klausuren – hat beim Werkvertrag der Verstoß gegen **§ 1 Abs. 2 SchwarzArbG**, der ein Verbotsgesetz i.S.d. § 134 enthält.

Nach § 134 ist ein Rechtsgeschäft, das gegen ein gesetzliches Verbot verstößt, nichtig, wenn sich nicht aus dem Gesetz etwas anderes ergibt. Bei einem **beiderseitigen Verstoß** gegen ein Verbotsgesetz kommt es grundsätzlich zur Nichtigkeit, es sei denn, Sinn und Zweck des Gesetzes erfordern dies nicht, weil andere Sanktionsmöglichkeiten (z.B. Bußgeld) bestehen.

Bei einem **einseitigen Gesetzesverstoß** ist das Rechtsgeschäft hingegen grundsätzlich wirksam, es sei denn, der Zweck des Gesetzes ist nur durch die Nichtigkeitsanordnung zu verwirklichen.

Ob bei Schwarzarbeit nur der Werkunternehmer oder auch der Besteller gegen das SchwarzArbG verstößt, wird nicht einheitlich beurteilt. Darauf kommt es aber letztlich nicht an, wenn auch ein **einseitiger Gesetzesverstoß** zur Nichtigkeit des Werkvertrags führt.

Ziel des § 1 Abs. 2 Nr. 2 SchwarzArbG ist es, die Schwarzarbeit wirkungsvoll zu bekämpfen und soweit wie möglich zu verhindern. Aufgrund dieses Gesetzeszwecks **reicht** für die Nichtigkeit von Werkverträgen bereits ein **einseitiger Gesetzesverstoß des Unternehmers**, wenn der Besteller den Verstoß kennt und bewusst zu seinem eigenen Vorteil ausnutzt.

Typischerweise verzichtet der Besteller auf eine Rechnung des Unternehmers, da er weiß, dass der Unternehmer damit Umsatzsteuer vermeidet und die Werkleistung zu einem geringeren Preis anbietet. Deshalb ist, selbst wenn man nur einen einseitigen Verstoß gegen § 1 Abs. 2 Nr. 2 SchwarzArbG bejaht, der **Werkvertrag gemäß 134 i.V.m. §1 Abs. 2 Nr. 2 SchwarzArbG nichtig**.

Daraus ergibt sich folgendes:

- Der Werkunternehmer hat **keinen Werklohnanspruch**.
- Er kann auch **nicht** gemäß §§ 812, 818 Abs. 2 **Wertersatz** verlangen. Dieser Anspruch ist nämlich durch § 817 S. 2 ausgeschlossen. Eine früher vertretene einschränkende Auslegung des § 817 S. 2 hat der BGH aufgegeben.
- Dem Besteller stehen gegen den Werkunternehmer **keine Gewährleistungsansprüche** aus § 634 zu. Es ist dem Unterneh-

mer nämlich nicht gemäß § 242 verwehrt, sich gegenüber Gewährleistungsansprüchen des Bestellers auf die Nichtigkeit des Vertrags zu berufen.

- Der Besteller hat **keinen** (bereicherungsrechtlichen) **Anspruch auf Rückzahlung des Werklohns**.

3. Anfechtung, § 142

Wird ein Werkvertrag wirksam angefochten, so ist er nichtig. Eine wirksame Anfechtung bedarf einer Anfechtungserklärung und eines Anfechtungsgrundes, z.B. aus § 119 Abs. 1.

Gemäß § 632 Abs. 1 gilt eine Vergütung als stillschweigend vereinbart, wenn die Herstellung des Werkes nur gegen eine Vergütung zu erwarten ist. Fraglich ist, ob ein **Irrtum über die Vergütungspflicht gemäß § 632 Abs. 1** zur Anfechtung gemäß § 119 Abs. 1 berechtigt.

Beispiel: A bittet seinen Freund B, der eine Autoreparaturwerkstatt besitzt, an seinem BMW 525 eine Inspektion durchzuführen. Als dieser nach getaner Arbeit 100 € von ihm verlangt, ist A empört. Er habe erwartet, dass es sich um einen Freundschaftsdienst handelt.

Wegen des Umfang der vorzunehmenden Arbeiten sind diese den Umständen nach nur gegen eine Vergütung zu erwarten. Anders wäre es, wenn z.B. nur eine Glühbirne ausgetauscht würde.

Geht jemand irrtümlich von der Unentgeltlichkeit der Werkleistung aus, so kann er **nicht anfechten**. Er irrt dann nämlich nicht über den Inhalt der Erklärung, sondern nur über die Rechtsfolgen. Somit handelt es sich um einen **unbeachtlichen Rechtsfolgenirrtum**.

B. Erlöschen der Ansprüche

Neben den Untergangsgründen des allgemeinen Schuldrechts (z.B. Unmöglichkeit, Rücktritt) sind im Werkvertragsrecht folgende Besonderheiten zu beachten:

- Das Werkvertragsrecht enthält **spezielle Kündigungsrechte**.
  - **§ 649:** Danach kann der Besteller bis zur Vollendung des Werkes jederzeit den Vertrag kündigen.
  - **§ 643:** Der Unternehmer hat ein Kündigungsrecht, wenn der Besteller die erforderliche **Mitwirkung unterlässt** und trotz angemessener Fristsetzung die Handlung nicht bis zum Ablauf der Frist vornimmt.

Beispiel: A hat mit dem Maler B vereinbart, dass dieser sein Portrait malen soll. Zum vereinbarten Termin erscheint A nicht. Da er es sich inzwischen anders überlegt hat, kommt er auch nicht, nachdem B ihm eine Frist gesetzt hat.

- **§ 650:** Der Besteller hat ein Kündigungsrecht, wenn dem Vertrag ein Kostenanschlag zugrundegelegt worden ist und sich später herausstellt, dass das Werk nicht ohne eine wesentliche Überschreitung des Kostenanschlags ausführbar ist.

- Ist das **Werk mangelhaft** (s. S. 71), so kann der Anspruch auf Erstellung des Werkes
  - durch Rücktritt (§ 634 Nr. 3) oder
  - durch ein Schadensersatzverlangen statt der Leistung (§§ 634 Nr. 4, 280 Abs. 1 u. 3, 281 Abs. 1 u. 4) untergehen.

C. Durchsetzbarkeit der Ansprüche

Anders als die Erlöschensgründe betreffen **Einreden** nicht die Existenz des Anspruchs, sondern sie verhindern nur die Durchsetzbarkeit. Es gibt Einreden, die die Durchsetzbarkeit des Anspruchs auf Dauer ausschließen und solche, die die Durchsetzbarkeit nur aufschieben.

Einreden im Rahmen des Werkvertragsrechts, die die Durchsetzbarkeit auf Dauer ausschließen, sind z.B. die **Einrede der Verjährung** (§ 634 a Abs. 1) oder die Einrede gemäß § 634 a Abs. 4 u. 5, wonach die Zahlung der Vergütung trotz Unwirksamkeit des Rücktritts verweigert werden kann.

Eine Einrede, die die Durchsetzbarkeit nur aufschiebt, ist **§ 320**. Dabei ist jedoch im Werkvertragsrecht zu beachten, dass der Unternehmer vorleistungsverpflichtet ist (§ 641 Abs. 1 S. 1). Hinsichtlich der **Verschaffung des Werkes** gilt aber § 320. Der Unternehmer muss das Werk also nur gegen Bezahlung herausgeben.

Bei Mängeln der Werkleistung gilt die § 320 verdrängende Sonderregelung des **§ 641 Abs. 3**, derzufolge der Besteller in der Regel das Doppelte der Nachbesserungskosten zurückbehalten darf.

D. Rechte und Pflichten aus dem Werkvertrag

I. Pflichten des Bestellers

1. Vergütungspflicht

Hauptleistungspflicht des Bestellers ist, die **vereinbarte Vergütung** zu entrichten, § 631 Abs. 1 Hs. 2. Wurde keine Vereinbarung getroffen, so gilt die Vergütung gemäß § 632 Abs. 1 als stillschweigend vereinbart, wenn die Herstellung des Werkes nur gegen eine Vergütung zu erwarten ist.

Hinweis: *Glaubte der Besteller, dass die Erstellung des Werkes vergütungsfrei sei, so kann er nicht gemäß § 119 Abs. 1 anfechten (s.o. S. 62).*

Fehlt eine Vereinbarung über die **Höhe der Vergütung**, so enthält **§ 632 Abs. 2** eine gesetzliche Auslegungsregel, wie die Höhe der Vergütung zu ermitteln ist.

Gemäß **§ 632 Abs. 3** sind **Kostenanschläge** (Kostenvoranschläge) im Zweifel nicht zu vergüten. Ein Kostenanschlag ist die Angabe der voraussichtlich entstehenden Kosten. Macht also ein Handwerker oder ein Reparaturbetrieb für Elektrogeräte einen Kostenvoranschlag, so kann er hierfür **grundsätzlich kein Geld verlangen**, auch wenn er hinterher den Auftrag nicht bekommt. Die Auslegungsregel des § 632 Abs. 3 greift aber nicht ein, wenn hinsichtlich der Vergütungspflicht für den Kostenanschlag eine Vereinbarung getroffen wird.

Beispiel: Das Fernsehgerät des A ist kaputt. Er überlegt, ob es sich lohnt, es reparieren zu lassen oder ob er sich nicht lieber ein neues kauft. A fragt deshalb den TV-Händler T, wie teuer wohl die Reparatur würde. Da dafür eine ausführliche Begutachtung erforderlich ist, verlangt T für den Kostenvoranschlag 30 €.

2. Abnahmepflicht und Rechtsfolgen der Abnahme

Gemäß **§ 640 Abs. 1** ist der Besteller verpflichtet, das vertragsgemäß hergestellte Werke abzunehmen. Abnahme bedeutet grundsätzlich die körperliche Hinnahme des Werkes, verbunden mit der Anerkennung (Billigung) des Werkes als im Wesentlichen vertragsgemäße Leistung. Ist die Abnahme wegen der Beschaffenheit des Werkes ausgeschlossen, so tritt an ihre Stelle die Vollendung, § 646.

Der Abnahme steht es gleich, wenn der Besteller das Werk nicht innerhalb einer ihm vom Unternehmer bestimmten angemessenen Frist abnimmt, obwohl er dazu verpflichtet ist, **§ 640 Abs. 1 S. 3**.

Die wesentlichen **Rechtsfolgen der Abnahme** sind folgende:

- Die **Vergütung wird fällig**, § 641.
- Der **Anspruch auf Erfüllung**, also auf Neuherstellung des Werkes, **erlischt**; er konkretisiert und beschränkt sich auf den Mangelbeseitigungsanspruch (Nacherfüllungsanspruch). Bei Mängeln zum Zeitpunkt der Abnahme greifen die Mängelrechte des § 634.
- Gemäß § 644 Abs. 1 geht die **Vergütungsgefahr** auf den Besteller über.

3. Mitwirkung des Bestellers

Soweit es nach Art und Beschaffenheit des herzustellenden Werkes erforderlich ist, muss der Besteller mitwirken. Die Mitwirkungshandlung ist Obliegenheit. Kommt der Besteller dem nicht nach, kommt er in Annahmeverzug mit der Folge des Entschädigungsanspruchs gemäß **§ 642 Abs. 1** und des Kündigungsrechts des Unternehmers (§ 643).

II. Pflichten des Unternehmers

Gemäß § 631 Abs. 1 ist der Unternehmer zur **Herstellung** des versprochenen Werkes verpflichtet. Zum Inhalt seiner Leistungspflicht gehört auch, dass das Werk **frei von Sach- und Rechtsmängeln** sein muss, § 633.

2. Abschnitt: Allgemeine Leistungsstörungen

Wird das **Werk überhaupt nicht oder verspätet** erstellt, so richten sich die Rechte des Bestellers und des Unternehmers nach den Regeln über die allgemeinen Leistungsstörungen, §§ 280 ff., 320 ff.

Bei der nachträglichen Unmöglichkeit gibt es im Werkvertrag jedoch zwei besondere Vorschriften, nämlich § 644 und § 645, die Regelungen zur Vergütungsgefahr (Preisgefahr) treffen.

Ist gemäß **§ 275** der Anspruch auf die unmögliche Leistung ausgeschlossen, so entfällt der Anspruch auf die Gegenleistung, also auf den Werklohn grundsätzlich gemäß §§ 275 Abs. 4, 326 Abs. 1 S. 1. Dies gilt jedoch nicht, wenn die Preisgefahr vorher auf den Besteller übergegangen ist. Die Preisgefahr betrifft die Frage, ob der Besteller den vergeblichen Leistungsversuch vergüten muss. Die besonderen Regelungen in § 644 und § 645 gehen in ihrem Anwendungsbereich allgemeinen Regeln (§ 326 Abs. 2 S. 1) vor.

A. Übergang der Vergütungsgefahr nach § 644

Nach § 644 geht die Preisgefahr über, wenn

- der Besteller das **Werk abgenommen** hat, § 644 Abs. 1 S. 1 (geht also das Werk nach Abnahme unter, so muss der Besteller es bezahlen),

  Beispiel: A, ein begeisterter Saunagänger, hat sich für sein Wochenendhaus eine Sauna anfertigen lassen. Nachdem er die Sauna abgenommen hat, brennt sie aus ungeklärter Ursache ab. Als der Werkunternehmer den Werklohn fordert, wendet A ein, er habe diese noch nie benutzt und ist entsetzt, dass er trotzdem zahlen muss.

- sich der Besteller in **Verzug** mit der Annahme befindet, § 644 Abs. 1 S. 2,

  Beispiel: B lässt bei U sein Auto reparieren. U teilt ihm mit, dass das Auto fertig ist und er es abholen könne. B kommt dem nicht nach, da er momentan „nicht flüssig" ist und im Übrigen seinen Arbeitsplatz gut mit öffentlichen Verkehrsmitteln erreichen kann. Nach einer Woche wird das Auto auf dem ausreichend gesicherten Parkplatz des U gestohlen und B ist entsetzt, dass er die Reparatur trotzdem bezahlen muss.

- das Werk **auf Verlangen des Bestellers versandt** wird, § 644 Abs. 2.

  Beispiel: B aus Hamburg hat bei einem Münchener Maler das Gemälde einer Alpenansicht in Auftrag gegeben. Da er nach Fertigstellung keine Zeit hat, nach München zu fahren, bittet er den Maler, dies zu versenden. Dabei geht das Bild aus nicht erklärlichen Gründen verloren.

B. Teilvergütungspflicht gemäß § 645

Nach § 645 trifft den Besteller die Vergütungsgefahr, wenn das Werk infolge eines Mangels des vom **Besteller gelieferten Stoffes** oder infolge einer vom Besteller für die Ausführung **erteilten Anweisung** untergegangen, verschlechtert oder unausführbar geworden ist, ohne dass ein Umstand mitgewirkt hat, den der Unternehmer zu vertreten hat.

Klausurmäßige Bedeutung hat jedoch vor allem die analoge Anwendung des § 645. Die Vorschrift ist nämlich analog anwendbar, wenn das Werk aus Gründen untergeht, die auf Risikolagen beruhen, die mit den in der Vorschrift geregelten Fällen vergleichbar sind.

Beispiel: B lässt auf seinem Bauernhof von Bauunternehmer U eine Scheune bauen. Noch vor Abschluss der Bauarbeiten bringt B das Heu in die Scheune ein. Aufgrund einer Selbstentzündung des eingebrachten Heus wird die Scheune bei einem Brand zerstört. B muss die bereits erbrachten Arbeiten gemäß § 645 analog vergüten, da er durch seine **gefahrerhöhende Handlung** den Brand verursacht hat.

Auch bei Zweckerreichung ist § 645 analog anzuwenden.

Beispiel: Das abzuschleppende Auto springt, bevor der ADAC am Ort ist, wieder an.

1. Was ist das prägende Merkmal des Werkvertrags?

1. Prägendes Merkmal des Werkvertrags ist die Pflicht des Unternehmers, für einen bestimmten Erfolg einzustehen (z.B. Herstellung einer unbeweglichen Sache, Reparaturarbeiten an beweglichen und unbeweglichen Sachen, geistige Tätigkeiten).

2. Gilt Werkvertragsrecht, wenn der Unternehmer sich verpflichtet, eine bewegliche Sache herzustellen?

2. Gemäß § 651 S. 1 finden auf einen Vertrag, der die Lieferung herzustellender oder zu erzeugender beweglicher Sachen zum Gegenstand hat, die Vorschriften des Kaufrechts Anwendung. Nur wenn es sich um nicht vertretbare Sachen (Legaldefinition für vertretbare Sachen: § 91) handelt, finden bestimmte werkvertragliche Regelungen Anwendung, vgl. § 651 S. 3.

3. Welche maßgebenden Rechtsfolgen ergeben sich aus einem Verstoß des Werkvertrags gegen § 1 Abs. 2 Nr. 2 SchwarzArbG.

3. Der Werkunternehmer hat keinen Werklohnanspruch. Er kann auch nicht gemäß §§ 812, 818 Abs. 2 Wertersatz verlangen. Dem Besteller stehen gegen den Werkunternehmer keine Gewährleistungsansprüche aus § 634 zu und er hat auch keinen (bereicherungsrechtlichen) Anspruch auf Rückzahlung des Werklohns.

4. Kann der Besteller anfechten, wenn er sich über die Vergütungspflicht geirrt und geglaubt hat, es handelt sich um eine reine Gefälligkeit?

4. Da er nicht über den Inhalt der Erklärung, sondern nur über die Rechtsfolgen irrt, liegt ein unbeachtlicher Rechtsfolgenirrtum vor und die Anfechtung ist ausgeschlossen.

5. Nennen Sie spezielle Kündigungsrechte im Werkvertragsrecht.

5. Gemäß § 649 kann der Besteller bis zur Vollendung des Werks jederzeit den Vertrag kündigen.

Nach § 650 hat der Besteller ein Kündigungsrecht, wenn dem Vertrag ein Kostenanschlag zugrunde gelegt worden ist und sich später herausstellt, dass das Werk nicht ohne wesentliche Überschreitung des Kostenanschlags ausführbar ist.

Nach § 643 hat der Unternehmer ein Kündigungsrecht, wenn der Besteller die erforderliche Mitwirkung unterlässt.

6. Welche Rechtsfolgen hat die Abnahme des Werks?

6. Die Vergütung wird fällig, § 641. Der Anspruch auf Erfüllung, also auf Neuherstellung des Werks, konkretisiert und beschränkt sich auf den Nacherfüllungsanspruch. Gemäß § 644 geht die Preisgefahr über.

7. Welchen Anwendungsbereich hat die Preisgefahrregel des § 645?

7. Über den Wortlaut des § 645 hinaus, gilt § 645 analog, wenn das Werk aus Gründen untergeht, die auf Risikolagen beruhen, die den in der Vorschrift geregelten Fällen vergleichbar sind.

3. Abschnitt: Gewährleistungsrecht

Die Regelungen über die Mängelgewährleistung im Werkvertragsrecht sind den entsprechenden Vorschriften des Kaufrechts sehr ähnlich. Eine Gemeinsamkeit dieser Gewährleistungssysteme besteht vor allem darin, dass weitgehend auf die Regelungen des allgemeinen Leistungsstörungsrechts verwiesen wird, vgl. § 437 und **§ 634**.

Hinweis: *Sie können also das im Kaufrecht erworbene Wissen zu den Gewährleistungsregeln auf das Werkvertragsrecht übertragen. Das ist nicht nur effizient, sondern fördert auch das Gesamtverständnis.*

Hervorzuheben sind jedoch **zwei Besonderheiten** im Werkvertragsrecht **gegenüber dem Kaufrecht**:

- Nach §§ 634 Nr. 1, 635 Abs. 1 hat der **Unternehmer** das **Wahlrecht**, ob er den Mangel beseitigen oder ein neues Werk herstellen will. Im Kaufrecht hat hingegen der Käufer das Wahlrecht, §§ 437 Nr. 1, 439 Abs. 1, ob er die Beseitigung des Mangels oder die Lieferung einer mangelfreien Sache verlangt.

  Grund für diese abweichende Regelung ist, dass der Unternehmer aufgrund seiner größeren Sachkunde besser entscheiden kann, ob der Mangel durch Nachbesserung behoben werden kann oder ob es hierfür notwendig ist, das Werk insgesamt neu herzustellen.

- Nach §§ 634 Nr. 2, 637 besteht für den Besteller nach erfolgloser Fristsetzung zur Mangelbeseitigung ein (im Kaufrecht nicht existierendes) **Recht zur Selbstvornahme** sowie ein spezieller Aufwendungsersatzanspruch. Auch insoweit ist der sogenannte Vorrang der Nacherfüllung zu beachten, da nach § 637 Abs. 1 für die Selbstvornahme und den Aufwendungsersatzanspruch grundsätzlich Voraussetzung ist, dass dem Unternehmer zuvor eine Frist zur Nacherfüllung gesetzt wurde und diese erfolglos abgelaufen ist.

Zur Verdeutlichung der Gemeinsamkeiten, aber auch der Unterschiede des kaufrechtlichen und des werkvertragsrechtlichen Gewährleistungsrechts die folgende Übersicht:

Gewährleistung im Kauf- und Werkvertragsrecht	
§ 437	**§ 634**
■ Nacherfüllung, § 437 Nr. 1	■ Nacherfüllung, § 634 Nr. 1
	■ Mangel **selbst beseitigen** und Ersatz der erforderlichen Aufwendungen verlangen, § 634 Nr. 2
■ Rücktritt vom Vertrag oder Minderung, § 437 Nr. 2	■ Rücktritt vom Vertrag oder Minderung, § 634 Nr. 3
■ Schadensersatz oder Ersatz der vergeblichen Aufwendungen, § 437 Nr. 3	■ Schadensersatz oder Ersatz der vergeblichen Aufwendungen, § 634 Nr. 4
■ **Käufer** hat das **Wahlrecht**, ob er Beseitigung des Mangels oder Neulieferung verlangt	■ **Unternehmer** hat das Wahlrecht zwischen Mangelbeseitigung und Neuherstellung des Werkes

Alle werkvertraglichen Gewährleistungsrechte des Bestellers haben jedenfalls die folgenden Grundvoraussetzungen:

- **Wirksamer Werkvertrag**
- **Sach- oder Rechtsmangel bei Gefahrübergang**

Hinweis: *Im Rahmen einer Klausur sollten Sie das Vorliegen dieser Voraussetzungen - auch wenn dort keine Problemschwerpunkte liegen - zumindest immer kurz feststellen. Also etwa: „A und B haben einen wirksamen Werkvertrag gemäß § 631 abgeschlossen."*

A. Nacherfüllungsanspruch

Der Anspruch des Bestellers auf Nacherfüllung aus den **§§ 634 Nr. 1, 635** erfordert weder eine Fristsetzung noch ein Vertretenmüssen, sondern hat lediglich zwei Voraussetzungen, nämlich das Vorliegen eines wirksamen Werkvertrags und einen Sach- oder Rechtsmangel des Werks zum Zeitpunkt des Gefahrübergangs.

Aufbauschema für den Nacherfüllungsanspruch, §§ 634 Nr. 1, 635

A. Voraussetzungen

I. Wirksamer Werkvertrag, § 631

II. Werk hat **bei Gefahrübergang** (Abnahme, § 640) einen **Sach-** (§ 633 Abs. 2) oder **Rechtsmangel** (§ 633 Abs. 3).

B. Kein Ausschluss oder Einschränkung der Nacherfüllung (§§ 275, 635 Abs. 3) oder der Gewährleistung durch Vertrag oder Gesetz, §§ 639, 640.

C. Rechtsfolge: Nach § 635 kann der **Unternehmer nach seiner Wahl** den **Mangel beseitigen** oder ein **neues Werk** herstellen.

D. Die **Verjährung** des Nacherfüllungsanspruchs richtet sich nach **§ 634 a**.

I. Begriff des Mangels

Der Begriff des Sachmangels ist in **§ 633 Abs. 2** und der des Rechtsmangels in **§ 633 Abs. 3** geregelt. Da hinsichtlich des Mangelbegriffs weitgehende Parallelen zum Kaufrecht bestehen, kann das im Kaufrecht gelernte auf das Werkvertragsrecht übertragen werden.

1. Sachmangel

Im Unterschied zum Kaufrecht (dort § 434 Abs. 1 S. 3) enthält das Werkvertragsrecht nicht die Ergänzung, dass zur üblichen Beschaffenheit auch die **Eigenschaften** gehören, die der Verkäufer oder Hersteller **in der Werbung angegeben** hat. Das beruht darauf, dass die Vorschrift des § 434 Abs. 1 S. 3 auf den Verkauf von Massenware zugeschnitten ist, die typischerweise Gegenstand der Werbung, insbesondere durch den Hersteller ist. Bei Werkverträgen spielt dies allerdings keine Rolle.

2. Rechtsmangel

Gemäß § 633 Abs. 3 ist das Werk frei von Rechtsmängeln, wenn Dritte in Bezug auf das Werk keine oder nur die im Vertrag übernommenen Rechte gegen den Besteller geltend machen können. Die Vorschrift übernimmt für den Werkvertrag die Beschreibung des Rechtsmangels aus § 435 S. 1.

Beispiele für Rechtsmängel: Gewerbliche Schutzrechte Dritter wie etwa Urheber- oder Patentrechte

II. Maßgeblicher Zeitpunkt

Der Mangel muss im Zeitpunkt des **Gefahrübergangs**, d.h. grundsätzlich bei Abnahme (§ 640) vorliegen.

III. Ausschluss oder Einschränkungen

Auch wenn die Voraussetzungen des Nacherfüllungsanspruchs vorliegen, kann der Anspruch gleichwohl ausgeschlossen oder eingeschränkt sein.

- Die Nacherfüllung oder die Gewährleistung insgesamt kann **individualvertraglich** oder durch **AGB** (teilweise) ausgeschlossen sein.
- Ein Ausschluss kann auch bei **Leistungsverweigerungsrechten** des Unternehmers aus §§ 635 Abs. 3, 275 Abs. 2 oder §§ 635 Abs. 3, 275 Abs. 3 bestehen.
- Der Unternehmer kann auch die Nacherfüllung verweigern, wenn sie nur mit **unverhältnismäßigen Kosten** (§ 635 Abs. 3) möglich ist. Eine vergleichbare Regelung enthält das Kaufrecht in § 439 Abs. 3.
- Ist die **Nacherfüllung unmöglich**, so ist sie nach **§ 275 Abs. 1** ausgeschlossen. Zwar nennt § 635 Abs. 3 den § 275 Abs. 1 nicht ausdrücklich. Es ist jedoch selbstverständlich, dass der Unternehmer nicht zur Nacherfüllung verpflichtet ist, wenn ihm dies unmöglich ist, denn etwas Unmögliches kann nicht geschuldet werden.

IV. Rechtsfolgen

Die maßgebenden Rechtsfolgen der Nacherfüllung ergeben sich weitgehend aus § 635.

- **Wahlrecht des Unternehmers**

  Verlangt der Besteller Nacherfüllung, so kann der Unternehmer nach seiner Wahl den Mangel beseitigen oder ein neues Werk herstellen, **§ 635 Abs. 1**. Hat der Unternehmer von seinem Wahlrecht Gebrauch gemacht, so kann er später seine Wahl der Nacherfüllung noch ändern.

- **Leistungsort der Nacherfüllung**

  Der Leistungsort ist nach h.M. im Zweifel dort, wo sich das Werk vertragsgemäß befindet.

- **Kosten der Nacherfüllung**

  Nach **§ 635 Abs. 2** hat der Unternehmer die zum Zweck der Nacherfüllung erforderlichen Aufwendungen, insbesondere Transport-, Wege-, Arbeits- und Materialkosten zu tragen.

- **Rückgabe bei Neuherstellung**

  Erstellt der Unternehmer ein neues Werk, so kann er vom Besteller **Rückgabe** des mangelhaften Werkes nach den Rücktrittsvorschriften verlangen, **§ 635 Abs. 4**.

B. Selbstvornahmerecht und Aufwendungsersatz

Im Unterschied zum Kaufrecht hat der Besteller im Werkvertragsrecht ein Selbstvornahmerecht.

Er kann den Mangel selbst beseitigen und Ersatz der erforderlichen Aufwendungen verlangen, wenn er dem Unternehmer zuvor eine **angemessene Frist** zur Nacherfüllung gesetzt hat und diese fruchtlos abgelaufen ist, **§§ 634 Nr. 2, 637 Abs. 1**.

Die Fristsetzung ist eine Aufforderung zur Nacherfüllung unter Hinzusetzung einer Frist. Sie erfordert nicht das Benennen eines konkreten Zeitraums oder Zeitpunkts, bis wann der Besteller die Nacherfüllung verlangt. Eine Frist ist nämlich ein Zeitraum, der **bestimmt oder bestimmbar** sein muss. Eine Aufforderung zur „sofortigen" oder „unverzüglichen" Leistung reicht demnach aus, denn damit wird eine zeitliche Grenze gesetzt.

Ferner ist in den folgenden fünf Fallgestaltungen eine **Fristsetzung entbehrlich**:

- Gemäß **§§ 637 Abs. 2 S. 1, 323 Abs. 2**, wenn
  - der Unternehmer die Leistung **ernsthaft und endgültig verweigert**, § 323 Abs. 2 Nr. 1,
  - ein **relatives Fixgeschäft** vorliegt, § 323 Abs. 2 Nr. 2, oder
  - **besondere Umstände** gegeben sind, die unter Abwägung der beiderseitigen Interessen die sofortige Selbstvornahme rechtfertigen, § 323 Abs. 2 Nr. 3.

- Außerdem nach **§ 637 Abs. 2 S. 2**, wenn
  - die **Nacherfüllung fehlgeschlagen** oder

    Im Werkvertragsrecht ist anders als im Kaufrecht in § 440 S. 2, wonach von einem Fehlschlag nach dem zweiten Versuch auszugehen ist, nicht ausdrücklich geregelt, wann ein Fehlschlagen der Nachbesserung vorliegt. Aus der fehlenden Regelung kann geschlossen werden, dass beim Werkvertragsrecht ggf. mehr als zwei Nachbesserungsversuche zulässig sind. Entscheidendes Kriterium ist, dass der Besteller nicht von der Hoffnungslosigkeit weiterer Versuche ausgehen muss. Als Indiz für diese Hoffnungslosigkeit kann aber die Anzahl von zwei Versuchen aus § 440 S. 2 herangezogen werden.

  - dem **Besteller unzumutbar** ist.

    Die Nacherfüllung kann z.B. auch aus zeitlichen Gründen unzumutbar sein, wenn der Besteller das mangelhafte Werk möglichst rasch zur eigenen Verwendung oder zur Weitergabe an seinen Kunden braucht.

Der Besteller kann vom Unternehmer für die zur Beseitigung des Mangels erforderlichen Aufwendungen einen **Vorschuss** verlangen, **§ 637 Abs. 3**. Dazu muss der Besteller die Absicht haben, die Mangelbeseitigung später vorzunehmen. Dies kann grundsätzlich unterstellt werden. Ein Anspruch auf Kostenvorschuss besteht jedoch nicht, wenn der Besteller den Mangel nicht innerhalb einer angemessenen Frist beseitigen kann oder will.

Gemäß § 637 Abs. 1 kann der Besteller nur Aufwendungsersatz verlangen, wenn der **„Unternehmer nicht zu Recht die Nacherfüllung verweigert"**. Ein solches Recht besteht unter den Voraussetzungen des § 635 Abs. 3, also etwa wenn die Nacherfüllung nur mit unverhältnismäßigen Kosten möglich wäre.

Beseitigt der Besteller den Mangel selbst, **ohne dem Unternehmer die erforderliche Frist zu setzen** oder nimmt er noch vor Fristablauf die Mangelbeseitigung vor, so hat der Besteller nach h.M. **keine Ersatzansprüche**. Er kann auch nicht analog § 326 Abs. 2 S. 2 in Höhe der Ersparnisse des Unternehmers dessen Werklohnansprüche kürzen. Somit gilt im Werkvertragsrecht wie im Kaufrecht: Ohne Fristsetzung kein Anspruch auf Ersatz der Mangelbeseitigungskosten. (Zu den etwaigen Anspruchsgrundlagen im Einzelnen vgl. S. 29 f.)

C. Rücktritt oder Minderung

Gemäß **§ 634 Nr. 3** hat der Besteller das Recht vom Werkvertrag zurückzutreten oder die Vergütung des Unternehmers zu mindern. Während sich mit dem Rücktritt das ursprüngliche Schuldverhältnis in ein Rückgewährschuldverhältnis mit den Rechtsfolgen der §§ 346, 347 umwandelt, wirkt sich die Minderung (nur) auf den Vergütungsanspruch aus.

Das **Alternativverhältnis** des Rücktritts und der Minderung wird nicht nur in § 634 Nr. 3 („oder"), sondern auch durch die Formulierung „statt zurückzutreten" in § 638 Abs. 1 S. 1 deutlich. Aus dieser Formulierung folgt ferner, dass für das Minderungsrecht des Bestellers grundsätzlich die Rücktrittsvoraussetzungen gemäß den §§ 634 Nr. 3, 636 vorliegen müssen.

I. Rücktritt

Der Rücktritt ist ein **Gestaltungsrecht**, er wird durch eine einseitige Gestaltungserklärung des Bestellers ausgeübt, die mit Zugang beim Unternehmer wirksam wird, vgl. § 349.

Aufbauschema für den Rücktritt des Bestellers, §§ 634 Nr. 3, 636

A. Voraussetzungen des Rücktrittsrechts (Rücktrittsgrund)

- **I. Wirksamer Werkvertrag**, § 631
- **II.** Werk hat **bei Gefahrübergang** (Abnahme, § 640) einen **Sach-** (§ 633 Abs. 2) oder **Rechtsmangel** (§ 633 Abs. 3).
- **III.** Erfolgloser Ablauf einer angemessenen **Frist zur Nacherfüllung oder Entbehrlichkeit** der Fristsetzung

B. Kein Ausschluss des Rücktrittsrechts

- **I. § 640 Abs. 2** (Kenntnis des Mangels bei Abnahme), § 323 Abs. 5 S. 2, Mangel unerheblich; § 323 Abs. 6
- **II.** Keine Rücktrittsmöglichkeit, wenn Gewährleistung insgesamt ausgeschlossen ist.

C. Rücktrittserklärung, § 349

D. Rechtsfolgen des Rücktritts, **§§ 346, 347**

E. Unwirksamkeit des Rücktritts, **§§ 634 a Abs. 4, 218**

Der Rücktritt hat zunächst die gewährleistungsrechtlichen Grundvoraussetzungen, dass ein wirksamer Werkvertrag und ein Sach- oder Rechtsmangel bei Gefahrübergang vorliegen.

Darüber hinaus bedarf es grundsätzlich einer **Fristsetzung**. Dies folgt daraus, dass § 634 Nr. 3 für den Rücktritt auf § 323 verweist. Deshalb muss der Besteller dem Unternehmer grundsätzlich zunächst eine angemessene Frist zur Nacherfüllung setzen (vgl. dazu die entsprechenden Ausführung beim Selbstvornahmerecht).

Eine **Entbehrlichkeit der Fristsetzung** kann sich ergeben

- aus **§ 636**, nämlich wenn
  - der Unternehmer die Nacherfüllung gemäß § 635 Abs. 3 verweigert,
  - die Nacherfüllung fehlgeschlagen oder
  - die Nacherfüllung für den Besteller unzumutbar ist, oder
- aus den allgemeinen Regeln in **§ 326 Abs. 5** und **§ 323 Abs. 2**.

Die **Rechtsfolgen** des Rücktritts ergeben sich aus **§§ 346, 347**. Danach müssen die erbrachten Leistungen zurückgewährt werden und der Besteller hat die gezogenen Nutzungen herauszugeben (§ 346 Abs. 1). Ist dies nicht möglich, so muss er gemäß § 346 Abs. 2 Wertersatz leisten.

II. Minderung

Die Minderung gemäß den §§ 634 Nr. 3, 638 ist neben dem Rücktritt das zweite **Gestaltungsrecht** im Rahmen der werkvertraglichen Gewährleistung. Es bedarf mithin einer Erklärung des Bestellers gegenüber dem Werkunternehmer, vgl. **§ 638 Abs. 1 S. 1**.

Für das Minderungsrecht des Bestellers müssen grundsätzlich die **Voraussetzungen des Rücktritts** vorliegen. Hinsichtlich des Ausschlusses der Gewährleistung besteht jedoch eine Besonderheit. Ist der **Mangel des Werkes** i.S.d. § 323 Abs. 5 S. 2 **unerheblich**, ist nämlich nur das Rücktrittsrecht, nicht aber die Minderung ausgeschlossen, vgl. **§ 638 Abs. 1 S. 2**.

Die Minderung verändert den Werklohn unmittelbar. Der Werklohnanspruch des Unternehmers aus §§ 631 Abs. 1, 632 reduziert sich in der **Höhe des mangelbedingten Minderwertes**, vgl. **§ 638 Abs. 1 S. 1**. Hat der Besteller bereits den gesamten Werklohn gezahlt, steht ihm hinsichtlich des Mehrbetrags ein **Rückforderungsanspruch** nach **§§ 638 Abs. 4, 346 Abs. 1** zu.

D. Schadens- oder Aufwendungsersatz

Der Besteller kann nach **§ 634 Nr. 4** Schadensersatz oder den Ersatz vergeblicher Aufwendungen verlangen. Die Vorschrift begründet keinen eigenständigen werkvertraglichen Schadens- oder Aufwendungsersatzanspruch, sondern **verweist** (wie im Kaufrecht § 437 Nr. 3) **auf das allgemeine Leistungsstörungsrecht**. Allerdings werden die allgemeinen Regelungen durch besondere Bestimmungen in **§ 636** ergänzt.

Zwischen den Schadensersatzansprüchen aus § 634 Nr. 4 und **§ 823 Abs. 1** besteht **echte Anspruchskonkurrenz** (vgl. dazu im Kaufrecht S. 39).

Bei den Schadensersatzansprüchen des Bestellers gemäß § 634 Nr. 4 ist zu unterscheiden zwischen den **Schadensersatzansprüchen statt der Leistung** und den sonstigen Schadensersatzansprüchen, die **neben die Leistung** bzw. neben den Schadensersatzanspruch statt der Leistung treten, wie der Verzögerungsschaden und der einfache Schadensersatzanspruch neben der Leistung.

Ungeachtet dessen müssen aber bei allen Schadenersatzansprüchen des Bestellers zumindest die folgenden **Voraussetzungen** gegeben sein:

- **Wirksamer Werkvertrag**
- **Sach- oder Rechtsmangel bei Gefahrübergang**
- **Vertretenmüssen des Unternehmers**

Ob **weitere Voraussetzungen** erforderlich sind, richtig sich danach, welcher Schadenersatzanspruch statt oder neben der Leistung einschlägig ist.

Überblick über die Schadensersatzansprüche des Bestellers wegen Verletzung der Pflicht zur mangelfreien Leistung, § 633 Abs. 1

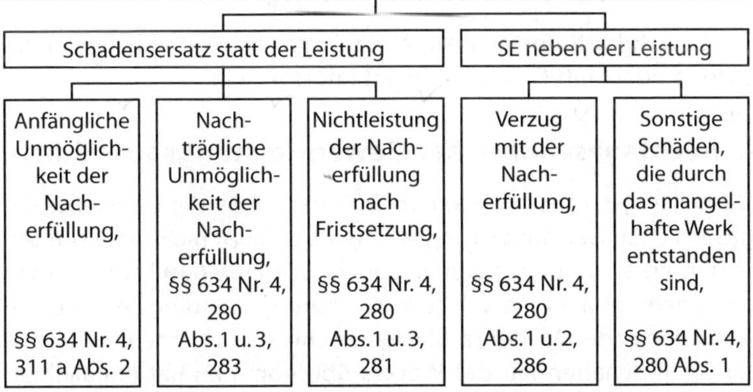

Der Schadensersatzanspruch des Bestellers gegen den Unternehmer aus **§§ 634 Nr. 4, 280 Abs. 1 u. 3, 281** setzt grundsätzlich eine

fruchtlose Fristsetzung des Bestellers voraus. Eine Entbehrlichkeit der Fristsetzung kann sich aus § 636 oder aus den allgemeinen Regeln in § 281 Abs. 2 ergeben.

Auch im Werkvertragsrecht ist wie im Kaufrecht hinsichtlich des Anspruchs aus §§ 634 Nr. 4, 280 Abs. 1 u. 3, 281 zweifelhaft, auf welche Pflichtverletzung abzustellen ist: auf die Herstellung eines mangelfreien Werkes oder auf das Ausbleiben der Mangelbeseitigung bei Fristablauf (vgl. dazu die Ausführung zum Kaufrecht, S. 34).

Ein Anspruch des Bestellers auf Ersatz der Mangelbeseitigungskosten kann sich nicht nur aus **§§ 634 Nr. 2, 637** (Aufwendungsersatz bei Selbstvornahme), sondern auch aus **§§ 634 Nr. 4, 280 Abs. 1 u. 3, 281** (Schadensersatz statt der Leistung) ergeben.

Anstelle eines Schadenersatzanspruches statt der Leistung kann der Besteller gemäß **§ 634 Nr. 4 i.V.m. § 284** den **Ersatz vergeblicher Aufwendungen** verlangen. Dazu müssen die Voraussetzungen eines Anspruchs auf Schadensersatz statt der Leistung vorliegen. Der Anspruch betrifft insbesondere Vertragskosten, aber auch sonstige Kosten, etwa beim Bauwerkvertrag die Kosten für die Durchführung einer Eröffnungsfeier, die wegen der Mangelhaftigkeit des Werkes verschoben werden musste.

Der Anspruch auf Ersatz vergeblicher Aufwendungen gemäß **§ 634 Nr. 4 i.V.m. § 284** ist vom Aufwendungsersatzanspruch bezüglich der Mangelbeseitigungskosten aus **§§ 634 Nr. 2, 637** zu **unterscheiden**.

E. Ausschluss der Gewährleistung

Die Gewährleistungsrechte können durch eine vertragliche Vereinbarung oder kraft Gesetzes ausgeschlossen sein.

I. Rechtsgeschäftlicher Gewährleistungsausschluss

Die Vertragspartner können vereinbaren, dass dem Besteller die gesetzlichen Gewährleistungsrechte überhaupt nicht oder nur unter Einschränkungen zustehen sollen. Gemäß **§ 639** kann sich der Unternehmer auf eine solche Vereinbarung allerdings nicht berufen, wenn er den Mangel arglistig verschwiegen oder eine Garantie für die Beschaffenheit des Werkes übernommen hat (Parallelvorschrift im Kaufrecht ist § 444).

Im Gegensatz zum Kaufrecht ist im Werkvertragsrecht bei Verträgen zwischen einem Unternehmer und einem Verbraucher ein Gewährleistungsausschluss wesentlich weitgehender möglich, da die einschränkenden Schutzvorschriften für den **Verbrauchsgüterkauf** (§§ 474 ff.) nicht eingreifen. Etwas anderes gilt jedoch für Werklieferungsverträge i.S.d. § 651. Danach finden nämlich auf einen Vertrag, der die Lieferung herzustellender oder zu erzeugender beweglicher Sachen zum Gegenstand hat, die Vorschriften über den Kauf Anwendung (dazu unten 3. Teil, S. 82).

Erfolgt der Ausschluss oder die Beschränkung der Gewährleistung durch AGB, unterliegen diese Klauseln der Inhaltskontrolle nach den §§ 309–307.

II. Gesetzlicher Haftungsausschluss

Nach **§ 640 Abs. 2** stehen dem Besteller die in § 634 Nr. 1–3 bezeichneten Rechte nicht zu, wenn er den **Mangel bei Abnahme kennt** und sich seine **Rechte** wegen des Mangels bei der Abnahme **nicht vorbehält**. Danach sind folgende Rechte nach § 640 Abs. 2 ausgeschlossen:

- gemäß § 635 Nacherfüllung zu verlangen,
- gemäß § 637 den Mangel selbst zu beseitigen und Ersatz der erforderlichen Aufwendungen zu verlangen,
- vom Vertrag zurückzutreten oder die Vergütung zu mindern.

Nicht erwähnt in § 640 Abs. 2 werden die **Rechte des Bestellers aus § 634 Nr. 4**, also das Recht Schadensersatz oder Ersatz der vergeblichen Aufwendungen zu verlangen. Somit kann der Besteller, auch wenn er den Mangel bei Abnahme kennt und sich die Rechte wegen des Mangels nicht vorbehält, weiterhin Schadensersatz oder Aufwendungsersatz verlangen.

III. Verjährung der Mängelrechte

Die Verjährung der werkvertraglichen Mängelrechte regelt **§ 634 a**. Dabei werden alle Rechte des Bestellers aus § 634 erfasst.

- Das sind der Nacherfüllungsanspruch gemäß § 634 Nr. 1, der Aufwendungsersatzanspruch bei Selbstvornahme (§ 634 Nr. 2), die Schadensersatzansprüche gemäß §§ 634 Nr. 4, 280, 281, 283 bzw. § 311 a und der Aufwendungsersatzanspruch aus §§ 634 Nr. 4, 284.

- In § 634 a Abs. 4 wird für das **Rücktrittsrecht** und in § 634 a Abs. 5 für das **Minderungsrecht** auf **§ 218** verwiesen. Danach ist der Rücktritt bzw. die Minderung unwirksam, wenn der Anspruch auf die Nacherfüllung verjährt ist.

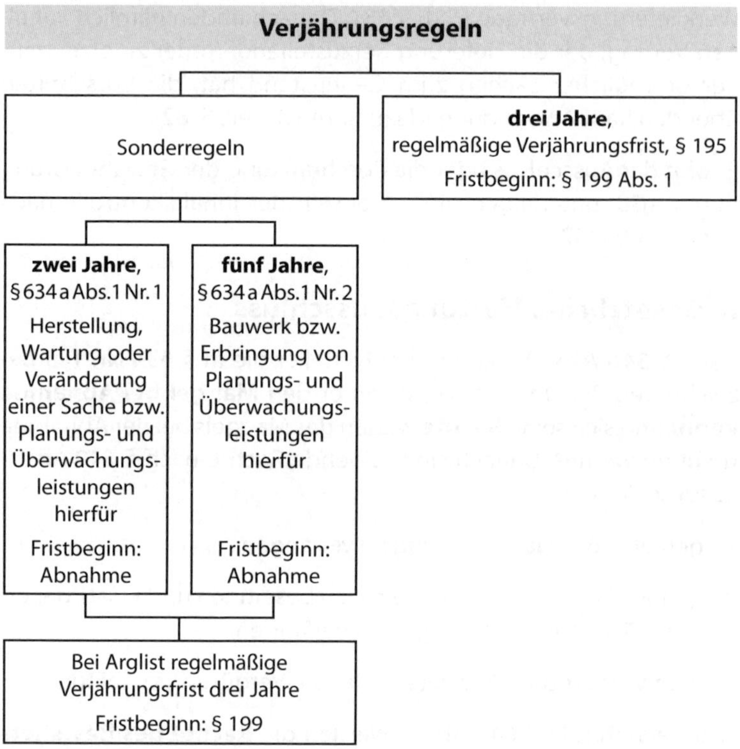

F. Verhältnis des § 634 zu den übrigen Vorschriften

I. Verhältnis zu den Anfechtungsregeln

Wie im Kaufrecht ist eine Anfechtung nach § 119 Abs. 1 und § 123 neben den Gewährleistungsregeln möglich. Eine Anfechtung nach **§ 119 Abs. 2** (Irrtum über eine verkehrswesentliche Eigenschaft) ist hingegen **ausgeschlossen**, wenn die Gewährleistungsregeln tatbestandsmäßig eingreifen, also ein Mangel bei Gefahrübergang gegeben ist. Die Anwendung des § 119 Abs. 2 würde nämlich dazu führen, dass die besonderen Voraussetzungen der Mängelgewährleistung des Werkvertragsrechts ausgehebelt würden:

- **Verjährungsfrist** des Gewährleistungsanspruchs beträgt in der Regel drei Jahre, Besteller könnte aber zehn Jahre anfechten, § 121.

- Bei **Anfechtung** richtet sich die Rückabwicklung **nach §§ 812 ff.**, die Rückabwicklung bei einem Mangel aber nach §§ 346 ff.
- Ein **Anfechtungsrecht** stünde dem Besteller **sofort** zu, ohne dass er dem Unternehmer zuvor eine Frist zur Mängelbeseitigung setzen müsste, während ein Rücktritt in der Regel nur nach dem erfolglosen Ablauf einer gesetzten Frist möglich ist, § 634 Nr. 3.

II. Verhältnis zu den allgemeinen Leistungsstörungsregeln

Soweit ein Mangel bei Abnahme vorliegt, sind die allgemeinen Regeln des Leistungsstörungsrechts neben den Gewährleistungsansprüchen des Werkvertragsrechts **nicht anwendbar**. Zwar verweist § 634 auf die allgemeinen Regeln, sodass die Voraussetzungen der Haftung identisch sind. Ein **Unterschied** zwischen den **allgemeinen Regeln** und den **Gewährleistungsansprüchen** des Bestellers besteht jedoch in der Verjährung (§ 634 a).

Ein Anspruch nach den allgemeinen Regeln kann gegeben sein, wenn eine Pflichtverletzung vorliegt, die **nicht in der Herstellung eines mangelhaften Werkes liegt**.

III. Verhältnis zu den §§ 823 ff.

Es besteht wie im Kaufrecht **echte Anspruchskonkurrenz** zwischen Gewährleistungs- und Deliktsrecht mit der Folge, dass Ansprüche aus Vertragsrecht und Deliktsrecht nebeneinander bestehen und dass jeder Anspruch nach seinen Voraussetzungen, seinem Inhalt und seiner Durchsetzung selbstständig zu behandeln ist. Allein die Herstellung eines mangelhaften Werkes ist noch keine Eigentumsverletzung. Diese liegt erst vor, wenn durch das mangelhafte Werk ein Schaden an anderen Rechtsgütern des Bestellers hervorgerufen wird.

Problematisch sind indes die Fälle, in denen das Werk mangelhaft ist und sich der Mangel an dem Werk „fortfrisst". Nach h.M. ist darauf abzustellen, ob der geltend gemachte **Schaden stoffgleich** mit dem der Sache von Anfang an anhaftenden Mangelunwert ist. Bedeutung hat die Frage insbesondere dann, wenn der Gewährleistungsanspruch verjährt ist.

3. Teil: Werklieferungsvertrag

Gemäß **§ 651 S. 1** finden auf einen Vertrag, der die Lieferung herzustellender oder zu erzeugender beweglicher Sachen zum Gegenstand hat (Werklieferungsvertrag), die **Vorschriften über den Kauf** Anwendung. Handelt es sich dabei um eine **nicht vertretbare Sache** (vgl. dazu die Legaldefinition für vertretbare Sachen in § 91), sind **ergänzend** bestimmte Vorschriften des Werkvertragsrechts, nämlich die **§§ 642, 643, 645, 649 und 650**, anwendbar, vgl. **§ 651 S. 3**.

Vom reinen Kaufvertrag unterscheidet sich der Vertrag gemäß § 651 durch die dem Werkvertrag entsprechende Pflicht des Bestellers, einen **körperlichen Arbeitserfolg** (z.B. einen Maßanzug) herzustellen.

Die **Gewährleistungsrechte** des Kaufrechts und des Werkvertragsrechts stimmen weitgehend überein, da sie jeweils auf das allgemeine Schuldrecht verweisen. Es bestehen aber folgende wesentliche Unterschiede:

- Findet Kaufrecht (über den Verweis in § 651 S. 1) Anwendung, so gelten auch die Regeln über den **Verbrauchsgüterkauf** (§§ 474 ff.), die den Verbraucher in erheblichem Umfang schützen. Das Werkvertragsrecht kennt keine vergleichbaren Schutzvorschriften.

- Im Rahmen des kaufrechtlichen Gewährleistungsrechts hat bei der Nacherfüllung der Käufer das **Wahlrecht**, während beim Werkvertrag der Unternehmer wählen kann, in welcher Form er nacherfüllt.

- Das Werkvertragsrecht gewährt dem Besteller ein **Selbstvornahmerecht** (§ 637 Abs. 1) und er kann gemäß § 637 Abs. 3 vom Unternehmer für die zur Beseitigung des Mangels erforderlichen Aufwendungen einen Vorschuss verlangen. Im Kaufrecht steht dem Käufer kein Selbstvornahmerecht zu.

- Die Gewährleistungsansprüche des Werkvertragsrechts verjähren, wenn keine Ausnahme gemäß § 634 a Abs. 1 Nr. 1 oder 2 vorliegt, in der regelmäßigen **Verjährungsfrist**, die drei Jahre beträgt. Dagegen sieht das kaufrechtliche Gewährleistungsrecht gemäß § 438 Abs. 1 Nr. 3 eine zweijährige Verjährungsfrist vor, wenn keine Ausnahme gemäß 438 Abs. 1 Nr. 1 oder Nr. 2 gegeben ist.

1. Kann der Besteller einen Anspruch auf Ersatz der Mangelbeseitigungskosten haben, wenn er dem Unternehmer keine Frist zur Mangelbeseitigung gesetzt hat?

1. Dies ist nur der Fall, wenn der Gesetzgeber vorgesehen hat, dass eine Fristsetzung entbehrlich ist (vgl. § 637 Abs. 2 für den Aufwendungsersatz im Fall der Selbstvornahme sowie § 636 für den Anspruch auf Schadensersatz).

2. Kann der Besteller Schadensersatz verlangen, obwohl er den Mangel bei Abnahme kennt?

2. Ja, denn von § 640 Abs. 2 wird der Anspruch auf Schadensersatz nicht erfasst, sondern nur der Nacherfüllungsanspruch, der Aufwendungsersatzanspruch sowie das Rücktritts- und Minderungsrecht.

3. Warum ist wie im Kaufrecht eine Anfechtung nach § 119 Abs. 2 (Irrtum über eine verkehrswesentliche Eigenschaft) ausgeschlossen, wenn die Gewährleistungsregeln tatbestandsmäßig eingreifen?

3. Anderenfalls würde das Mängelgewährleistungsrecht des Werkvertragsrechts ausgehebelt. Die Verjährungsfrist des Gewährleistungsanspruchs beträgt nämlich in der Regel drei Jahre, der Besteller kann aber zehn Jahre anfechten, § 121. Bei der Anfechtung richtet sich die Rückabwicklung nach §§ 812 ff., bei einem Mangel nach §§ 346 ff. Das Anfechtungsrecht stünde dem Besteller sofort zu, ohne dass er dem Unternehmer zuvor eine Frist zur Mangelbeseitigung gesetzt haben muss, während ein Rücktritt grundsätzlich erst nach dem erfolglosen Ablauf einer gesetzten Frist möglich ist.

4. Wie ist das Verhältnis der Gewährleistungsregeln zu §§ 823 ff.?

4. Es besteht wie im Kaufrecht echte Anspruchskonkurrenz zwischen Gewährleistungsrecht und Deliktsrecht mit der Folge, dass Ansprüche aus Vertragsrecht und Deliktsrecht nebeneinander bestehen und dass jeder Anspruch nach seinen Voraussetzungen, seinem Inhalt und seiner Durchsetzung selbstständig zu behandeln ist.

5. Wie ist das Verhältnis zwischen den Gewährleistungsregeln und den allgemeinen Regeln der Leistungsstörung?

5. Soweit ein Mangel bei Abnahme vorliegt, sind die allgemeinen Regeln der Leistungsstörung neben den Gewährleistungsregeln des Werkvertragsrechts nicht anwendbar. Ein Anspruch nach den allgemeinen Regeln kann nur gegeben sein, wenn eine Pflichtverletzung vorliegt, die nicht in der Herstellung eines mangelhaften Werkes liegt.

6. Warum ist im Vergleich zum Kaufrecht im Werkvertragsrecht ein weitergehender Ausschluss der Gewährleistung möglich?

6. Beim Kauf sind die Regeln des Verbrauchsgüterkaufs zu beachten. Verkauft also ein Unternehmer an einen Verbraucher eine bewegliche Sache, so ist ein Gewährleistungsausschluss nur in engen Grenzen möglich, vgl. § 475. Das Werkvertragsrecht enthält keine vergleichbaren Schutzvorschriften.

Unser Skriptenangebot 03/2016

B – Basiswissen

		€
BGB AT	2015	9,80
Schuldrecht AT	2015	9,80
Kaufrecht/Werkvertragsrecht	***2016***	***9,80***
Gesetzliche Schuldverhältnisse	2014	9,80
Sachenrecht	2015	9,80
Strafrecht AT	2015	9,80
Strafrecht BT	2015	9,80
Grundrechte	2015	9,80
Staatsorganisationsrecht	2015	9,80
Verwaltungsrecht	2015	9,80

F – Fälle

		€
BGB AT	2015	9,80
Schuldrecht AT	2015	9,80
Schuldrecht BT 1 Kaufrecht	***2016***	***9,80***
Schuldrecht BT 3 GoA, BereicherungsR	2015	9,80
Schuldrecht BT 4 Unerl. Hdl./Allg. SchadensR	2014	9,80
Sachenrecht 1	***2016***	***9,80***
Sachenrecht 2	2013	9,80
Familienrecht	2013	9,80
Erbrecht	***2016***	***9,80***
Strafrecht AT	2015	9,80
Strafrecht BT Vermögensdelikte	***2016***	***9,80***
Grundrechte/Staatsorganisationsrecht	***2016***	***9,80***
Europarecht	***2016***	***9,80***
Verwaltungsrecht AT/ VwGO	in Überarbeitung	
Handelsrecht	2013	9,80
Gesellschaftsrecht	2015	9,80
Arbeitsrecht	2015	9,80

S – Skripten

Zivilrecht

		€
BGB AT 1	2015	16,90
BGB AT 2	2015	16,90
Schuldrecht AT 1	2015	19,90
Schuldrecht AT 2	in Überarbeitung	
Schuldrecht BT 1 KaufR/WerkR	***2016***	***19,90***
Schuldrecht BT 2 Bes. Vertragsarten (MietR)	***2016***	***19,90***
Schuldrecht BT 3 Auftrag, GoA, Bereicherungsrecht	2015	16,90
Schuldrecht BT 4 Unerl. Hdlg./Allg. SchadenR	2015	19,90
Sachenrecht 1 Allg. Lehren/Bewegl. Sachen	2015	19,90
Sachenrecht 2 GrundstücksR	***2016***	***19,90***
Familienrecht	2015	19,90
Erbrecht	2015	19,90

Strafrecht

Strafrecht AT 1	in Überarbeitung	
Strafrecht AT 2	2014	19,90
Strafrecht BT 1 Straftaten gegen Eigentum und Vermögen	2015	19,90
Strafrecht BT 2 Nichtvermögensdelikte	2015	19,90

Öffentliches Recht

Staatsorganisationsrecht	2014	19,90
Grundrechte	2015	19,90
Europarecht	in Überarbeitung	
Verwaltungsrecht AT 1	***2016***	***19,90***
Verwaltungsrecht AT 2 (mit StaatshaftungsR)	2015	19,90
VwGO	2015	19,90
Besonderes Ordnungsrecht (VerwR BT 1)	2012	19,90
Öffentliches Baurecht (VerwR BT 2)	2015	16,90
Polizei- und Ordnungsrecht NRW	2013	19,90
Kommunalrecht NRW	2014	19,90
Bayerisches Kommunalrecht	2011	19,90

Besondere Rechtsgebiete

Handelsrecht	***2016***	***16,90***
Gesellschaftsrecht	2015	19,90
Arbeitsrecht	***2016***	***22,90***
Kollektives Arbeitsrecht	2015	22,90
ZPO	2015	22,90
StPO	2015	19,90
Insolvenzrecht	2013	19,90
Rechtsgeschichte	2015	22,90
Rechtsphilosophie und Rechtstheorie	2014	19,90

Steuerrecht

Allgemeines Steuerrecht	2015	24,90
Umsatzsteuerrecht	2015	24,90
Einkommensteuerrecht	2015	24,90
Bilanzsteuerrecht	2015	24,90

S2 – Skripten 2. Staatsexamen

		€
Materielles Zivilrecht in der Assessorklausur	***2016***	***19,90***
Materielles Strafrecht in der Assessorklausur	2013	19,90
Materielles Verwaltungsrecht in der Assessorklausur	2014	19,90
Die zivilrechtliche Assessorklausur	2015	19,90
Vollstreckungsrecht in der Assessorklausur	2015	19,90
Die staatsanwaltliche Assessor-klausur	2014	19,90
Strafurteil und Revisionsrecht in der Assessorklausur	2015	19,90
Die verwaltungsgerichtliche Assklausur	2013	19,90
Die behördliche Assessorklausur	2014	19,90

D – Definitionen

		€
Zivilrecht	2014	10,90
Strafrecht	2014	9,90
Öffentliches Recht	2014	9,90

A – Aufbauschemata

		€
Zivilrecht	2015	16,90
Strafrecht	***2016***	***14,90***
Öffentliches Recht	2015	14,90